乡村振兴视域下的
乡村小学教师教育信念研究

彭玲艺 ◎ 著

西南交通大学出版社
·成 都·

图书在版编目（ＣＩＰ）数据

乡村振兴视域下的乡村小学教师教育信念研究 / 彭玲艺著. 一成都：西南交通大学出版社，2022.1

ISBN 978-7-5643-8544-6

Ⅰ. ①乡… Ⅱ. ①彭… Ⅲ. ①农村学校 – 小学教师 – 师资培养 – 研究 Ⅳ. ①G625.1

中国版本图书馆 CIP 数据核字（2021）第 279166 号

Xiangcun Zhenxing Shiyu Xia de Xiangcun Xiaoxue Jiaoshi Jiaoyu Xinnian Yanjiu

乡村振兴视域下的乡村小学教师教育信念研究

彭玲艺 / 著

责任编辑 / 孟　媛

封面设计 / 何东琳设计工作室

西南交通大学出版社出版发行

（四川省成都市金牛区二环路北一段 111 号西南交通大学创新大厦 21 楼　610031）

发行部电话：028-87600564　028-87600533

网址：http://www.xnjdcbs.com

印刷：四川煤田地质制图印刷厂

成品尺寸　170 mm×230 mm

印张　13.5　字数　193 千

版次　2022 年 1 月第 1 版　　印次　2022 年 1 月第 1 次

书号　ISBN 978-7-5643-8544-6

定价　68.00 元

前　言

————

　　自党的十九大提出"乡村振兴战略"以来，中央坚持把解决好"三农"（农业、农村、农民）问题作为全党工作的重中之重。乡村振兴的基础和关键在于人才的振兴。教育是实现人才振兴的根本途径和重要保障。作为乡村教育发展的第一资源，乡村教师队伍建设的重要性进一步凸显。为了加强乡村教师队伍建设和推进乡村教育的发展，国家推行了一系列的政策，如公费定向培养师范生、特岗教师计划等，这些举措很大程度上缓解了乡村小学师资短缺的困难，基本逐步实现了乡村教师"下得去"的目标。但目前乡村教育的短板仍然是乡村教师队伍建设问题。虽然行政力量的干预保证了乡村师资的基本数量和质量，但如何让公费师范生乐于从教、坚定乡村从教决心？如何让现有的乡村小学教师"留得住"和"教得好"？如何稳定当前乡村小学教师队伍？如何提升乡村小学教师教学水平？这些问题成为当前乡村教育工作关注的焦点。教育信念是新时代"四有"好教师的核心要素，是教师教育教学行为的精神内核和内在驱动力，引领和决定着教师的职业选择和教育行为。因此，让每一个公费师范生都能"乐于从教乡村"、让更多的在岗乡村小学教师"留得住"和"教得好"，不仅需要考察他们的教学选择与行为，更应该关注指导他们逻辑决策的信念系统。因此，关注乡村小学教师教育信念是稳定和优化乡村教师队伍的必要之举，也是促进乡村教育振兴和乡村振兴的重要之义。

　　湖南第一师范学院是湖南省培养乡村小学教师的摇篮，一直关注乡村小学教育的发展，创新培养模式，致力于培养优秀的乡村小学教师和高效培训在岗乡村小学教师。作为"一师人"，近年来我一直行走在乡村小学教育的研究道路上，组建了课题团队一起探索乡村小学教师的培养。2017 年开始乡村小学教师教育信念问题的专题研究，为深入了解乡村小学教师内隐于心的教育信念系统，我和课题组成员广泛查阅资料，去各地开展调研。我们走入湖南东西南北中各个区域的乡村小学进行调研；深入湘西偏远的乡村小学访谈"最美乡村教师"；走进公费师范生群体开展多样研究方法相结合的调查研究……通过深入的调研，我们全面地描绘了职前、入职初期和成熟期三个不同时期乡村小学教师的教育信念现状及影响因素的现实图景，并试图借鉴已有理论成果，依据不同时期教师的教育信念特点，从多个维度探索培养和优化乡村小学教师教育信念的策略，促进乡村教师队伍的稳定和乡村教育质量的提升，真正达成乡村小学教师"下得去、留得住、教得好"的目标，实现乡村教育的振兴，助推乡村振兴。

本书为 2017 年度教育部人文社会科学研究青年项目"乡村小学教师教育信念现状及养成研究"（课题批准号为 17YJC880082）和湖南省哲学社会科学基金一般项目"湖南省公费定向师范生教师职业信念变化的追踪研究"（课题批准号为 17YBA105）的重要成果。本书一方面梳理了乡村振兴与乡村小学教师教育信念的关系，解读了教师教育信念的内涵，对学界现有的教师教育信念文献成果进行了回顾和展望。另一方面选择职前教师、新手教师和优秀教师三个层次的教师，依托教师教育信念的理论基础编制"乡村小学教师教育信念量表"对教育信念现状展开定量调查研究。同时，运用隐喻分析法、深度访谈法、扎根理论资料分析法、媒体文本分析法等多种定性研究方法对乡村小学教师的教师职业信念、课程与教学信念、学生信念和学校及村落文化信念现状做了深入梳理与分析，深度描述乡村小学教师教育信念形成的历程与变革的影响因素，并针对不同层次的教师提出培养和优化教育信念的策略。

本书整体构想、写作框架和内容写作主要由彭玲艺完成。课题组其他成员不仅为本书的构建提出了很多中肯的建议，还指导了一批公费师范生开展课题的相关调研工作。参与课题调研工作的有来自湖南一师小学教育专业的刘思远、彭悦荔、万千惠、黄颖、曹蓉若等同学（均为公费师范生）和来自湘西自治州凤凰思源县实验学校的彭灿老师（目前任职于湘阴县东塘镇一塘小学），在此特别感谢他们对该项目的大力支持和辛勤付出。另外，我也要感谢那些参与我们课题调研的乡村小学教师和公费师范生，是他们毫无保留地与我们交谈和用心填答问卷，才成就了我们项目的研究成果。

鉴于时间仓促和水平有限，书中难免存在不妥之处，恳请广大读者批评指正。

著 者

2021 年 8 月

目 录

理 论 篇

第一章
乡村振兴与乡村小学教师教育信念

第一节　乡村振兴战略计划解读

一、提出背景

20世纪90年代以来，中国农村经历了一场激烈的变化，尤其是西部地区乡村衰落是一个不争的客观事实。改革开放使我们获得了巨大的物质财富，创造了人间奇迹，同时也改变了中国的社会结构和自然风貌。大量青壮年劳动力涌入城市，使中国城乡结构发生了很大变化。城市不断扩大，城镇化进程不断加快，而乡村常住人口不断减少。由此出现了空巢村、空心村、老人村、留守儿童村等问题。我国有5000多年的悠久历史，乡村是中华民族传统文明的发源地之一，在经济社会发展中一直占有重要地位，乡村的富庶是盛世历史的重要标志之一。乡村振兴关系到我国是否能从根本上解决城乡差别、乡村发展不平衡、不充分的问题，也关系到中国整体发展是否均衡，是否能实现城乡统筹、农业一体的可持续发展的问题。2017年10月18日，习近平总书记在党的十九大报告中提出实施乡村振兴战略。十九大报告指出，农业、农村、农民问题（即"三农"问题）是关系国计民生的根本性问题，必须始终把解决好"三农"问题作为全党工作的重中之重。实施乡村振兴战略，是开启全面建设社会主义现代化国家新征程的必然选择。新时期人民日益增长的美好生活需要和不平衡不充分的发展之间的矛盾已成为社会的主要矛盾，实现决胜全面小康的大头、重点和难度都在"三农"问题。实施乡村振兴战略是我国全面建成小康社会的关键环节，是实现"两个一百年"奋斗目标的必然要求，是实现全体人民共同富裕的必然要求，是实现中华民族伟大复兴的客观要求，还是我们党落实为人民服务这一根本宗旨的重要体现。

二、总体要求

《中共中央国务院关于实施乡村振兴战略的意见》指出，实施乡村振兴战略要全面贯彻党的十九大精神，以习近平新时代中国特色社会主义思想为指导，加强党对"三农"工作的领导，坚持把解决好"三农"问题作为全党工作重中之重，坚持农业农村优先发展，按照产业兴旺、生态宜居、乡风文明、治理有效、生活富裕的总要求，建立健全城乡融合发展体制机制和政策体系，统筹推进农村经济建设、政治建设、文化建设、社会建设、生态文明建设和党的建设，走中国特色社会主义乡村振兴道路，让农业成为有奔头的产业，让农民成为有吸引力的职业，让农村成为安居乐业的美丽家园。按照党的十九大提出的决胜全面建成小康社会、分两个阶段实现第二个百年奋斗目标的战略安排，中央农村工作会议明确了乡村振兴战略实施三步走策略：以2020年、2035年和2050年为时间节点，从搭建制度框架、完善政策体系，到逐步实现农村、农业现代化建设目标，再到实现农村人民生活富裕、农村整洁、农业富强，从而打造和形成新的农村风貌。为推进这一战略计划，需要坚持党管农村工作、农业农村优先发展、农民主体地位、乡村全面振兴、城乡融合发展、人与自然和谐共生和因地制宜、循序渐进的基本原则，全面实现"农业强、农村美、农民富"的战略目标。

第二节　乡村振兴与乡村小学教师教育信念的关系

一、乡村振兴视域下乡村教育的发展

乡村振兴靠人才，而人才的培养要靠教育。乡村教育事业的发展，无疑是乡村振兴战略的重要支点。朱永新先生指出，没有乡村教育的振兴，就没有乡村的振兴。乡村教育的振兴是实现乡村振兴的重要内容，有助于促进乡村振兴；而乡村振兴战略的提出又为乡村教育振兴带来了机遇。

（一）乡村教育促进乡村振兴

乡村振兴的关键在于要有实施乡村建设必不可少的一批又一批适应乡村经济、政治、文化、社会和生态文明建设所需的优质人力资源，而这些优质人力资源主要来源于乡村，其所接受的基础教育主要依靠乡村教育提供。良好的乡村教育可以为农村经济的发展、公共服务体系建设、乡村文化的挖掘保护和传承，以及为乡村建设者更新知识和提升劳动技能、促进传统农民向新时代现代化农民的转变等提供教育与人才支撑。因此，乡村教育在乡村振兴战略的实施中具有基础性、支撑性的战略地位。乡村教育为乡村振兴提供源源不绝的拥有乡土情怀、活化本土知识、掌握现代技术、具备创新能力的知识型、技能型、创新型乡村建设与管理优质人力资源和文化支撑。因此，乡村振兴战略的实施离不开良好的乡村教育，离不开乡村教育的发展。

（二）乡村振兴给乡村教育发展带来了机遇

乡村振兴离不开乡村教育的发展，同样乡村教育也必须植根乡村振兴战略才能得到高质量的快速发展。乡村振兴战略的实施给乡村教育的发展带来了新的机遇。首先，乡村振兴战略的顶层设计给乡村教育发展提供了政策引领。《中共中央国务院关于实施乡村振兴战略的意见》中指出：优先发展农村教育事业。高度重视发展农村义务教育，推动建立以城带乡、整体推进、城乡一体、均衡发展的义务教育发展机制。这一意见为乡村教育整体发展规划指明了方向。通过优先发展乡村教育事业，从扶贫乡村教育走向振兴乡村教育，最终实现城乡教育的一体化发展。围绕这一战略计划出台的持续针对乡村建设的倾斜政策为解决乡村教育发展难题提供支持，如《国家乡村振兴战略规划（2018—2022年）》《关于加强新时代乡村教师队伍建设的意见》等文件都是以补齐乡村教育短板为突破口，扎实推进乡村教育的发展。另外，乡村教师作为乡村教育振兴的重要基石，在国家政策支持下，也迎来了新的发展契机。为打造扎根乡村大地的教师队伍，国家从政策层面持续推动乡村教师队伍的发展建设。其次，乡村振兴战略的具体措施为乡村教育发展创设了基本条件。乡村战略计划提出了一系列振兴乡村教育的具体措施，如全面改善薄弱学校基本办学条件、加强寄宿制学校建设、实施农村义务教育学生营养改善计划等，大大改进了乡村学校的办学条件，增强了办学能力，提升了乡村教育质量。最后，乡村振兴的行动经验为乡村教育发展奠定了实践基础。党的十八大以来，我国在全面决胜脱贫攻坚与实施乡村振兴战略的过程中积累了大量行动经验，从思想、行动和整体规划上为乡村教育发展奠定了实践基础。

二、乡村振兴视域下乡村小学教师教育信念的价值

国将兴，必贵师而重傅。发展乡村教育，教师是关键。教育的瓶颈在乡村，乡村教育的关键在乡村教师。作为乡村振兴的教育保障和重要人才资源，乡村教师理当成为乡村振兴的中坚力量。已有研究表明，教师信念是教师人生的精神支柱，是教师职业的奉守信条，是教师文化的核心要素，是教师行为的隐性导引，是教师发展的内在力量。[①]因此，乡村振兴视域下乡村小学教师良好的教育信念是稳定乡村小学教师队伍的精神内核，也是提升乡村教育质量的内在动力，还是传承和发展乡村文化的重要力量。

（一）稳定乡村小学教师队伍的精神内核

长期以来，乡村小学教师"下不去、留不住、教不好"的问题比较突出，村小和教学点的好教师往镇中心小学或中学流，镇里好教师往县城去，乡村小学优质教师资源流失比较严重。因此，着力建设素质过硬的乡村小学教师队伍，加大对乡村小学教师队伍建设的倾斜和支持力度，是振兴乡

---

① 肖正德. 基于教师发展的教师信念：意蕴阐释与实践建构[J]. 教育研究，2013（6）：86-92.

村小学教育、服务乡村振兴的重中之重。教师教育信念是教师对自己所从事职业的坚定不移的认识和看法，与教师人生观相辅相成。乡村小学教师对人生价值的理想追求，折射在教育信念上，体现为教师对职业的担当，决定着教师的工作态度。一个把"当好一名乡村小学教师"看成自己人生事业的教师，将会安心于乡村小学教师岗位，并竭尽全力做好相应工作；反之一个只想把乡村小学教师岗位看成自己晋升其他岗位跳板的教师，很难"留得住"或"教得好"学生。因此，乡村小学教师良好的教育信念是他们坚守乡村小学、积极热情地投身乡村小学事业的重要保障，是稳定乡村小学教师队伍的精神内核。

（二）提升乡村教育质量的内在动力

教师在教育活动中，无论是对教师这个职业，还是对教育价值、学生发展以及课程教学等都会产生自己的看法和主张，并以此作为教育信条坚定不移地遵守。这些信条既是教师确定自己教育活动的依据，也是教师教育活动的动力来源，影响他们的教育行为并进而影响教育效果与质量。诚如联合国国际教育发展委员会负责人库姆斯指出的，使教师成为优秀教师的，不是他们的知识或方法，而是教师对学生和自己的目的、意图和教学任务所持有的信念。[①]乡村振兴视域下，乡村小学教师所信奉的教育信念直接影响乡村小学教师的教育教学行为，进而影响乡村小学教育质量的提升。

（三）传承和发展乡村文化的重要力量

乡村文化以农耕文化为主，它的传承和发展必须基于乡土，"离土离农"的教育无法实现乡村文化的振兴。乡村学校是乡村文化天然的"蓄水池"，是传承和发展乡村文化的主阵地。有学者提出，乡村教师之于乡村的意义，不止于乡村教育，而是关乎乡村社会、经济与文化的全面进步，乡村教师

---

① Combs, A. W. New Assumptions for Educational Reform[J]. Educational Leadership, 1988(5): 62-67.

之于乡村振兴，具有强人力、联乡土、凝精神、促生产的多重职能。① 乡村
小学教师应该体现出知识分子身上的公共性和专业性的统一。乡村教师要
能够真正承担起重构乡村公共生活空间的重任。② 因此，乡村振兴视域下，
乡村小学教师不仅承担着教育乡村孩子成才的传统使命，还需要担负乡村
社会文化建设的时代使命。乡村小学教师的教育信念，尤其是他们对乡村
文化坚定不移的看法和认识是影响他们传承和发展乡村文化的重要力量。

基于此，厘清乡村振兴战略背景下乡村小学教师教育信念的丰富内涵、
构成及特征，揭示当前不同阶段乡村小学教师的教育信念现状及影响因素，
并结合理论构建优化策略，提高乡村小学教师教育信念，推动乡村小学教
师教育境界的提升和自我的完善，实现乡村教育的发展和助推乡村振兴，
成为当前乡村振兴战略实施迫切需要关注的问题。

---

① 唐松林，姚尧. 乡村振兴战略中教师的使命、挑战与选择[J]. 湖南师范大
学教育科学学报，2018（4）：75-83.
② 李志超，吴惠青. 乡村建设的精神危机与乡村学校的文化救赎[J]. 中国教
育学刊，2016（4）：1-5.

第二章
教师教育信念的理论基础

第一节　教师教育信念的内涵解读

一、教师教育信念的基本内涵

信念是人向一个长远目标奋斗的精神动力，是支持人战胜前进道路中的阻力、克服自身惰性的力量源泉。对于个体来讲，拥有自己坚定的信念，就获得了成就自身的法宝。对于一个群体来讲，拥有共同的信念，就拥有了成就这个群体之共同事业强大的精神力量。教育是一项需要从长远处着眼的事业，完善而坚定的教师信念就成为教育事业发展必不可少的精神前提。

（一）信念

信念是人发自内心的知、情、意的结合，也是人发自内心坚定的观念。信念是一种内在力量，人们可以通过信念认识、改变世界。信念是很难察觉得到的，每个人的信念都与其自身所在的文化息息相关。在大量的学术著作和论文中，不同领域的学者对信念的定义存在很大差异。概括起来，主要集中在语义学、心理学、哲学等领域（详见表 2-1-1）。

表 2-1-1　不同视角下信念的定义

视　角	来　源	观　点
语义学	《汉语倒排词典》（1987）	信念是自己认为能确信的看法和观念。
	《当代汉语词典》（2009）	对某事物或未来怀有的确定不移的想法或看法。

续表

视角	来源	观点
语义学	《牛津英语大词典》（简编本）（2004）	"信念（belief）"一词主要有以下几种解释：（1）对一个人或事情的信任和信心、忠诚，特别是对神的信仰；对任何已被接受并内化的理论的认可；（2）对某一事情、事实或结论等认同为"真或真实存在"；（3）所相信的事件或观点。
心理学	《心理学词典》（1985）	信念是主体对于自然和社会的某种理论、思想和坚信无疑的看法，它是人们赖以从事实践活动的精神支柱，是人们自觉行动的激励力量。
	《社会心理学词典》（1989）	信念是激励人们按照自己的观点、原则去行动的一种需要系统。
	《中国大百科全书》（心理学，1991）	信念是人们对待某人、某事或某种思想的态度倾向。
哲学	《伦理百科辞典》（1998）	信念是对某种理想和事业前途坚定性的道德品质，是构成人们行为动机和基本方向的思想观念。
	《马克思主义哲学大辞典》（2001）	信念是指对某种理论、思想、学说的心悦诚服，并从内心以此作为自己行动的指南。
	《伦理学大辞典》（2011）	信念是对理论的真理性和实践行为的正确性的内在确信。
教育学	《教育大辞典》（1990）	教育者坚定信奉的教育观念或主张。

009

根据表 2-1-1 的定义来看，不同学科对信念的理解差异很大。语义学关于信念的解释主要从认知维度、确认程度和信念内容三个维度去界定。哲学角度关于信念的解释启发我们应从信念的内容（如"理论、思想和学说"）、信念的心理状态（如"心悦诚服"）和功能（如"信念的行为倾向性"）来界定。教育学、心理学角度关于信念的解释启发我们应从信念的内容（如对理论的看法或观念）、心理状态（如坚定信奉或坚定不移）和功能（如指导生活或支配行动）来界定。纵观各学科对信念的界定，虽然有很大不同，但信念主要包含认知、情感、意动和社会文化等成分。本研究对信念的概念界定采用《心理学词典》的内容，即：信念是主体对于自然和社会的某种理论、思想和坚信无疑的看法，它是人们赖以从事实践活动的精神支柱，是人们自觉行动的激励力量。坚定的信念一旦在主体中形成，那么主体的行为会具有深刻和持久的特点。因此，信念会影响主体的思想行为，也是主体追求理想和实现目标的内在动力。

（二）教师信念

国外对教师信念的研究是在 20 世纪 70 年代由教师素质、教师行为研究向教师思维转变的过程中出现的。我国学者开始对教师信念问题的关注是在 20 世纪 80 年代初，教育类期刊中出现了专门讨论教师信念问题的翻译文献。直到 2000 年，俞国良在总结国外教师信念和国内教师心理研究成果的基础上，发表了《教师信念及其对教师培养的意义》一文，至此这一概念才逐渐受到国内学者的关注，开始有学者就教师信念问题展开专门的讨论。21 世纪以来，随着教师教育研究的深入展开，教师专业发展及教师信念问题逐渐成为研究者关注的焦点。

教师信念作为教师心理背景的重要成分，是理解教师决策系统的重要入口。研究教师不仅要关注他们是如何行动的，更要关注他们为什么会采取这样的行动，关注他们是如何思考问题的。教师的任何教育教学行为都不是孤立的、偶然的，而是早在行为出现之前就已经存在于教师的脑海中，这些行为的出现源于他们的教育信念。因此，我们常常能看到，即使两位教师的教育背景相似，但是受信念的影响，他们会出现不同的教育取向和教育方式。教师信念如人的神经系统，指挥教师产生相应的教育教学行为。教师必须有意识地反思自己显性和隐性的信念，并通过对话和讨论的方式让更多隐形的信念显性化，促进教师对自身行为的理解与反思，提高教学效率。教师信念对于教师而言既是过滤器，自动对教师学习内容进行筛选，符合教师信念的内容更容易被筛选出来；也是遥控器，影响教师对教学情境的认知、课程与教学的决策与教学方法的选择；同时还是催化剂，推动教师改革教育教学。

学界对信念多样化的理解形成了对教师信念的不同理解。早期很多学者对教师信念的理解主要指向教学信念。如吕国光（2004）指出，教师信念是教师在教学情境和历程中对教学和学生学习等持有的信以为真的观点。[①]赵昌木（2004）认为，教师信念是教师确认并信奉的有关人的（包括人与自然和社会的）、教育教学等方面的思想和假设，是教师内心存在维度和开展教学活动的向导。[②]这些定义主要体现的是教师在教学方面的信念。但实际上教师的工作不仅限于课堂教学，其内在的信念系统同样影响到其他教育工作。如谢翌（2006）认为教师信念不仅仅指教师关于教学方面的信念，更主要的是指教师关于教育整体活动的信念，是指从学生时期开始积存和发展，教师个体信以为真的、以个人逻辑和心理重要性（"中心—边缘"）为原则组织起来的"信息库"，它们是教师教育实践活动的参考框架。[③]从该定义来看，教师信念被理解为教师关于整个教育活动的信念。

在此基础上，教师教育研究者进一步细化了教师信念的结构。由于对教师信念概念理解的不同，学者们对教师信念结构的认识也存在很大差异。有学者从教学目的、教学行为两个角度去界定教师信念。如多伊尔（Doyle，1979）把教师的信念分为两种：教师教学目的的信念和教师对受教学机构约束的教学行为所抱有的信念，并把这些信念称之为"内在的教学理论"（参见江山野，1990）。还有学者从学生、学习和教师自身三方面来界定教师信

---

① 吕国光. 教师信念及其影响因素研究[D]. 兰州：西北师范大学，2004：8.

② 赵昌木. 论教师信念[J]. 当代教育科学，2004（9）：11-15.

③ 谢翌. 教师信念：学校教育中的"幽灵"[D]. 长春：东北师范大学，2006：39.

念的结构。如马里奥和罗伯特（Marion Williams & Robert L. Burden，2000）指出教师信念主要包括关于学生、关于学习和关于教师自身的信念三种。[1]还有学者提出了教师信念的五因素论。如考尔德黑德（Calderhead，1996）认为教师信念主要归纳为五个领域，并指出各个领域是相互关联的：（1）关于学习者和学习的信念；（2）关于教学活动的信念；（3）关于学科的信念；（4）关于怎样教学的信念；（5）关于自我和教师角色的信念。[2]另有学者跳出教师的职业范围，从"完整人"的角度来看待教师信念结构。如马莹（2012）将教师信念结构分为三个层次：人生信仰层、教育信念层、教学观念层。首先位于根基的是人生信仰层，是教师对于生命之最高价值的认识；其次是教育信念层，是教师对于自己所从事职业之社会价值的认识；再次是教学观念层，教师对所在学科教学完成教育责任之特殊作用与实现途径的认识。[3]

从这些观点可看出，学界对教师信念结构的理解主要还是从把教师看作专职教育教学工作的专业人员的角度来审视的，所提出的结构成分大多是围绕教师的教育教学工作来展开的，即主要体现为教师的教育信念。

（三）教师教育信念

笔者通过对文献的分析发现，学界关于教育信念概念的内涵及外延的界定存在差异。主要有三种表述：第一种是把教师宽泛为普通个体身份，不限于教师职业和工作，如陈向明老师认为教育信念是积淀于教师心智结构的价值观念，通常作为一种无意识或先验假设支配着教师的行为。[4]第二

---

① 转引自谢翌. 教师信念：学校教育中的"幽灵"[D]. 长春：东北师范大学，2006：40.

② BERLNER D C. CALFEE R C. Hand book of Education Psychology[C]. NewYork: Macmillan, 1996: 709-725.

③ 马莹. 基础教育课程改革中的教师信念研究[D]. 西安：陕西师范大学，2012：35.

④ 陈向明. 实践性知识：教师专业发展的知识基础[J]. 北京大学教育评论，2003（1）：104-112.

种是把教师的工作限定于教学过程，如樊硕认为教育信念是指教师在教学过程中对教师职业、教学方法、师生关系等信奉的信念①。该定义把教育信念限于教学过程中的信念，用"教学信念"表述更合理。第三种是把对教师教育信念的认识聚焦于教师的职业身份，从教师所承担的教育工作角度来界定，这也是大多数学者比较认同的观点。如叶澜教授认为，教育信念是教师选择、认识和信仰的一种教育观念和理念。从宏观上看，教师的教育信念包括教育观、学生观和教育活动观；从微观上讲，主要有关于学习者和学习的信念、关于教学的信念、关于学科的信念、关于学会教学的信念和关于自我和教学作用的信念等。②

借鉴已有研究观点，本书的教师教育信念是指教师在成长过程中形成的对课程与教学、学生及学习、自身职业和学校及周边环境的一种坚定不移的看法，指导着教师的教育教学和实践活动。根据这个定义，教师教育信念包括教师的职业信念（包含对职业地位、职业前景、职业价值、职业角色等信念）、课程与教学的信念、学生的信念和学校及村落文化的信念四个构成要素。

二、教师教育信念的基本特征

教师教育信念具有独有的特征，这些特征与信念本身的内容无关，但与它们彼此联系的方式有关。

（一）教师教育信念是一个多层次的心理中央性系统

所谓心理中央性，是指一些信念比其他信念更重要，在心理上居于中心的位置，其他的信念处于边缘地带。处于中心的信念是最强烈的信念，也是最难改变的信念；而处于边缘的信念相对而言是最易改变或检视的信

① 樊硕，董海霞. 社会文化视域下中小学教师教育信念的表征与重建[J].
   当代教育科学，2016（16）：53-56.
② 叶澜. 教师角色与教师发展新探[M]. 北京：教育科学出版社，2001：
   232.

念。越中心的教育信念，越难改变。中心的信念一旦发生改变，会导致教师整个教育信念的变化。边缘的教育信念日积月累的变化也能导致中心信念的变化，进而转变整个教师教育信念系统。罗克奇（Rokeach，1968）把观念的结构比作原子的结构，如同原子核把不同的电子集中在一起成为一个稳定的结构，有一些信念作为中心信念而存在，并把其他相应的信念组织在一起而构成一个相对稳定的信念系统。[①]教师的教育信念系统中各层级的信念同样在强度上存在差异。从形式来看，有中心信念和边缘信念，有深层信念和表层信念之别，有显性信念和隐性信念之分；从内容来看，其系统包含关于学科、教学、学生、环境等多方面的信念，同时不同方面的信念存在相互关联与互动，有时还会出现矛盾与差异。

（二）教师教育信念是一个准逻辑性的簇状结构系统[②]

所谓"簇状"结构，是指教师的多种教育信念分类聚集成一个一个的团，以簇的形式结合在一起，每个簇的内部信念存在一定的逻辑关系。如某一学科教师认为"清楚地"讲述该学科知识非常重要，那么为达成这个目标，教师同时还会相信认真备课，预设好课堂的每一个环节，尤其是教师讲授的内容，确保内容能够连贯准确地呈现是保证有效教学至关重要的内容。像这样"精准地设计教学内容"的信念就是从"清楚地讲授知识"这一主要信念中派生出来的信念，主要信念和派生信念两者之间存在逻辑关系。但与此同时，所形成每一个"簇"或多或少地独立于其他簇，簇与簇之间可能彼此关联，也可能彼此独立甚至存在冲突。换言之，簇与簇之间不一定存在逻辑关系。

教育信念因人而异，难以达成完全一致的共识，需要群体中协商融合，因此个体之间的教育信念系统很难被认为是逻辑性的。换句话说，每个教

① Rokeach M. A theory of organization and change[M]. San Fancisco: Jossey-Bass, 1968: 20.
② 金爱东. 数学教师信念变化特征及其影响因素研究[D]. 长春：东北师范大学，2013：22.

师在他自己的教育信念系统中有他自己的逻辑。面对同一个教育问题，不同的老师思考该问题的逻辑具有个性化。如上述例子中该教师秉持"清楚地讲授知识很重要"的教育信念，但另一位教师则认为引发学生对该学科的学习兴趣和教给学生相应的学习方法比清晰讲述学科知识更重要；为了达成这一目标，教师认为备课时应注重问题和学习活动的设计，突出学生在课堂学习中的主动性和创造性，以确保能够激发学生的思维，形成学生探究的意识和能力，最终实现学生对学科的自主学习。

由此可见，教师与教师之间的教育信念系统很难具有逻辑性，更倾向于个性化；而教师内部的教育信念之间按照某种逻辑关系彼此联系构成一个具有一定逻辑性的网状系统。

（三）教师教育信念是以情节式的方式加以储存

教师的个人经历，如在学习和教学生涯中获得的信息，会以情节性片段的方式加以储存，影响着他日后的教学实践。这些情节性的记忆是由个人的经验与事件组成的，一个人所经历的关键经历或是一个有特别影响的经历会产生有丰富细节的情节性记忆，从而影响他以后成为教师后的教学信念，即信念是将个人经验和事件以情节性片段方式储存起来。正是由于教师教育信念是以情节式的方式加以储存，所以每个教师的教育信念系统具有个性化，教师之间的教育信念系统往往不具有逻辑性。

（四）教师教育信念本质上是动态变化的

在教育学家汤普森（Thompson，1992）看来，信念系统是检查和描述一个人的信念是如何组织的一个隐喻（metaphor），信念系统在本质上是动态的，个人根据经验不断进行变化和重组。[①]这样信念的概念不仅是一个静态的结构，还是一个动态变化的历程。我们不仅要了解教师相信什么，还

---

① Thompson A. G. Teachers' Beliefs and Conceptions: A Synthesis of the Research[J]. Handbook of Research on Mathematics Teaching and Learning, edited by Grouw's, D. A. New York: Macmillan Publishing Company, 1992: 127-146.

要了解教师在变革的背景下，在实施中如何经历了信念与实践的改变。

三、教师教育信念的基本类型

由于每位教师成长背景和历程不同，他们的教育信念也存在很大的差异。教师教育研究者借助实证调查进行了深入研究。由于分析角度不同，教师教育信念类型截然不同。

（一）按教育主体角度：教师中心取向和学生中心取向

从教师对师生在教学过程中的角色和地位认识（也可以称之为教育中心论）的差异角度来分析，可以分为教师中心取向和学生中心取向两种教育信念类型。持有教师中心信念取向的教师，其教育教学行为都将以自身为中心来展开，教育中强化教师主体，突出教师的地位和价值；而持有学生中心信念取向的教师则主要从学生的角度来思考教育教学工作，重视学生主体，突出学生的地位和价值。如美国学者韦林和查特（Wehling & Charter, 1969）两人从 1962 年到 1965 年以教师在学习历程中的角色、班级管理的方法、学习的安排和学习材料的组织和呈现、引发学习动机等与教学历程有关的教育问题为主，改编"教师教育历程知觉量表"（Inventory of Teacher Conceptions of the Educative Process）。通过量表调查揭示，教师的教育信念可分为"教师中心"（teacher-centered）与"学生中心"（student-centered）。[①]

（二）职业发展角度：发展（进步）取向和传统取向

从教师职业发展的角度分析，可以分为发展（进步）取向和传统取向两种教育信念类型。其中发展型取向的教师，他们的教育信念敢于打破常规，紧跟教育改革的步伐，更趋向于以学生为中心，倡导自由和开放，试图在自身专业成长上得到更大的发展，也被称为进步型取向；而传统取向

---

① Wehling L J, Charters W W. Dimnesions of teacher beliefs about the teaching process[J]. American Educational Research Journal, 1969, 6(1): 7-29.

的教师的教育信念更倾向于保守，固守自身或他人多年教育实践累积的经验，更趋向于以教师自身为中心，倡导保守与封闭，试图能够一成不变地、安稳地度过自身职业生涯。班尼特（Bennett，1976）以文献分析法整理传统主义者与进步主义者对教学历程的看法，进而对小学教师进行访谈，结果发现传统取向与进步取向的教师在对教师角色、学习形态、课程与教材等十一项内容的看法上存在显著差异。[①]史密斯（Smith，J. K.，1993）借助编制的"初等教师问卷"（Primary Teacher Questionaire），以幼教及小学低年级教师为研究对象，检验教师教学信念与教学行为之间的关系，结果发现教师的教育信念可分为"发展型"（developmentally oriented）与"传统型"（traditionally oriented）两种取向。其中发展型的教师是以儿童为本位的、采取较为自由和开放的教学观，而传统型的教师倾向于保守的、教师中心的教学观。[②]

（三）教育内容角度：五种类型

以上两种分类都是把教师教育信念分成两大阵营。也有研究者发现，教师的教育学信念并不能完全分成截然对立的两类，且两类内部也存在很大的差异，如有的教师的教育信念"学生中心"取向非常典型明显，也有的教师的教育信念"学生中心"取向相对不那么明显。有学者在上述分类的基础上，从教师教育工作中关注的重点出发，进一步分析教师信念的差异。1997年，基姆伯教授（David Kember）指出，教师教育信念包括以下类型：传递信息的教师信念、传递知识结构的教师信念、强调师生互动的教师信念、帮助学生理解的教师信念以及促进学生观念转变的教师信念。[③]这五种教师教育信念类型的内在取向按照教育中心论的角度来分析的话，

---

① Bennett, N. Teaching style and pupil progress[J]. Cambridge Mass: Harvard University press. 1976.

② Smith J K. Development of the primary teacher questionnaire[J]. The Journal of Educational Research, 1993, 87(5): 23-29.

③ Kember D. A Reconceptualisation of the Research into University Academics' Conceptions of Teaching [J]. Learning and Instruction, 1997, (7), 255-275.

由于传递信息的教师信念和传递知识结构的教师信念的共同点是强调教师和教学内容，属于"教师中心"的信念取向；而帮助学生理解的教师信念和促进学生观念转变的教师信念的共同点是强调学生的主体地位和学习过程，属于"学生中心"的信念取向。强调师生互动的教师信念重视师生双方的交流与互动，师生处于平等地位，介于两种取向之间。由此可见，基姆伯教授的五分法是教师中心与学生中心两分法的进一步深入与发展。

我国学者吴薇结合我国的教育目标，通过对中荷研究型大学教师的信念进行较大规模的样本调查研究发现，大学教师的教育信念类型可以分为五类：知识型、结果型、能力型、兴趣型和价值型。[①]知识型信念重视向学生传授知识；结果型信念重视学生学习效果；能力型信念强调学生能力的培养；兴趣型信念重视发现和发展学生的学习兴趣；价值型信念重视促进学生的身心成长。虽然与美国学者基姆伯学者一样，将教师教育信念分为五种类型，但吴薇学者的表述更符合我国教育目标的表述，更贴近国情。

第二节　教师教育信念研究文献回顾

随着教师教育研究的深入展开，学界对于教师的研究从关注外部行为和素质的结构转向关注内隐的教师信念和思维。与教师的知识相比，在特定的情境中，教育信念更能影响教师的教育行为。回顾历史，国外关于教师教育信念的研究已有 60 余年，国内教师教育信念的研究发端于 20 世纪80 年代，历经近 40 年。通过 CNKI 提供的计量可视化分析工具，深入分析文献发文年代分布、发文作者分布和关键词共现情况，揭示我国教师教育信念的研究阶段特征、学术力量特点和研究热点主题与变迁，进而找出该领域的学术盲点，预测研究的发展走向。

---

① 吴薇，谢作栩，尼克·费卢普. 中荷研究型大学教师信念类型与取向之比较——基于厦门大学与莱顿大学教师的问卷调查[J]. 高等教育研究，2011（09）：91-97.

一、研究的基本概况

为了最大限度地提取到相关文献，在中国知网期刊数据库中以"主题词-教育信念 or 教师信念 or 教学信念 or 教师职业信念"进行检索，不限出版时间，截至 2019 年 4 月，共获得 2 111 条文献；经过排查剔除学术性不高和相关度不高的文献（如新闻、会议报道等），共有 1 946 条文献。从每年的发文量来看，呈现出比较明晰的阶段性特征；从作者分布来看，学术力量集中于知名的高等师范院校。教师教育信念文献按年份分布情况详见图 2-1-1。

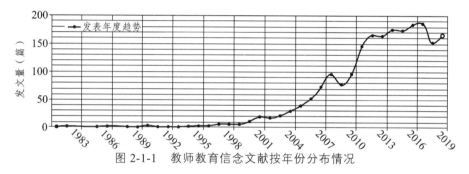

图 2-1-1　教师教育信念文献按年份分布情况

（一）研究阶段

自 1981 年学者毕淑芝在《苏霍姆林斯基论教师工作》一文中提出，苏霍姆林斯基的教育信念之一是相信书籍的力量[①]，我国开始了对于教师教育信念的关注，但在之后的近 20 年时间里研究几乎处于沉寂状态，直到千禧年学界开始了更多的关注。2011 年算是一个分界点，2011 年之后每年的发文量大概 150 篇以上。

概括来说，学界关于教师教育信念的研究可以分为以下三个阶段：

第一阶段为启蒙期（1981—2000 年）。这个阶段，学界关于教师教育信念研究每年的发文量都在个位数，1981—1995 年每年只有 1～3 篇文献，1996—1999 年这三年每年 6 篇，主要集中于教育信念的价值研究。第二阶

---

① 毕淑芝，王义高. 苏霍姆林斯基论教师工作[J]. 外国教育动态，1981（3）：28-34.

段为上升期（2000—2010 年）。随着国家推行新课程和颁布新教师政策，较之第一阶段，该阶段学界关于教师教育信念研究呈稳定的较大幅度的上升趋势，从 2000 年的 11 篇攀爬到 2010 年的 96 篇。除 2009 年外，十年期间几乎一直保持比较好的上升趋势。学界的研究内容集中于教师教育信念的概念、结构、特点、作用等方面的理论分析。在研究方法上，也有部分学者借鉴国外的教育信念量表，使用实证调查法探索教师教育信念的现状及其影响因素。在研究视角上，往往将教师教育信念置于教师专业发展和新课改的背景下。第三阶段为活跃期（2011—2018 年）。随着 2010 年《国家中长期教育和改革规划纲要（2010—2020）》等一系列政策的颁布与推行，加之新课改的深化推进，国家将教师队伍的建设提高到了前所未有的高度，教师教育研究从研究教师外在行为和专业素质转为研究更内隐的教师信念和思维，使得从 2010 年至今学界对教师教育信念的研究呈现稳步增长的趋势，其研究内容较之前更加全面、研究方法更加多样、研究视角更加宽阔。

（二）研究学者的分布

通过发文作者机构来源的统计分析，85%的文献来源于全国各地区师范大学，来自一线基础教育阶段作者的文献微乎其微，很明显高等师范院校，尤其是综合性的师范大学牢牢地掌握了教师教育信念的话语权和研究权。通过发文作者机构来源的排名结果分析，发文作者的区域分布比较均衡，遍布了我国的几大区域，其中排名前五的依次是华东师大、东北师大、西南大学、南京师大、西北师大。由此可见，单从高校学术研究力量来看，教育信念研究比较平衡，但是从整个教育阶段来看的话，其研究缺少了一线基础教育阶段基层老师的学术力量。

二、研究的热点主题

（一）关键词共现分析

关键词往往用于凸显论文研究的主题内容、研究对象与研究方法等，具有高度的概括性。通过对高频关键词进行统计分析，可以确定相关领域的研究热点。所收集的 1 946 篇文献中，共获得 1 780 个关键词。其中，为了便于统计，规范关键词命名，把基本同义的关键词合并统一表述，如"教育信念"和"教师教育信念"统称为"教育信念"；"专业发展""教师发展""教师专业发展"统称为"教师专业发展"；"教学行为""课堂教学"统称为"教学行为"；"实践性知识""教师实践性知识"统称为"教师实践性知识"；"英语教师"和"高中英语教师"统称为"英语教师"；"师范生"和"职前教师"统称为"职前教师"（篇幅有限不一一说明）。经过可视化分析软件对关键词的频率统计，除开教师信念、教育信念、教师、信念这四个最核心的词以外，学界关于教师教育信念的研究聚焦于教师专业发展（208次）、教学行为（109次）、教学信念（95次）、影响因素（82次）、英语教师（68次）等方面（详见表 2-2-1）。具体阅读文献发现，大部分的文献都会对教育信念的内涵及结构做或深或浅或多或少的分析。换言之，学界对于教师教育信念的关注热点集中于：教育信念的内涵及结构、教师专业发展与教师教育信念的关系、教学行为与教师教育信念的关系、教师教学信念和教师教育信念的影响因素等主题。

表 2-2-1　教师教育信念研究的高频关键词及频次

序 号	高频关键词	频 次	序 号	高频关键词	频 次	序 号	高频关键词	频 次
1	教师信念	292	11	职前教师	58	21	免费师范生	18
2	教师专业发展	208	12	教师教育	45	22	数学教师	17
3	教育信念	145	13	中小学教师	44	23	教学决策	17
4	教师	118	14	个案研究	44	24	教师文化	17
5	教学行为	109	15	初任教师	36	25	高校教师	16
6	教学信念	95	16	策略	35	26	职业道德	16
7	影响因素	82	17	职业信念	31	27	课改	15
8	信念	79	18	反思	25			
9	英语教师	68	19	叙事研究	22			
10	教师实践性知识	63	20	幼儿教师	25			

备注：仅统计词频≥15 的关键词。

（二）研究的热点内容

1. 教师教育信念内涵及结构

由于学界对信念内涵的讨论至今并没有达成统一的认识，因而对教师教育信念内涵有着不同的理解。陈向明（2003）从信念的内容和功能的角度提出，教师教育信念是积淀于教师心智结构的价值观念，常作为一种无意识或先验假设支配着教师的教育行为。[①]吕国光（2004）从信念的内容和心理状态的角度指出，教师教育信念是教师在教学情境和历程中对教学和学生学习等持有的信以为真的观点。[②]谢翌（2006）从信念的结构等多方面提出，教师教育信念是指从学生时期开始积存和发展，教师个体信以为真的、以个人逻辑和心理重要性（"中心—边缘"）为原则组织起来的"信息库"（包含了认知、情感、评价和行动的成分），它们是教师教育实践活动的参考框架。[③]由此可以看出，研究者都一致性地肯定了教师教育信念是指教师自身对教育及与教育有关的实践和理论问题的主观性认识与判断，只是由于各自研究视角和主观判断所涉及的范围不同，因此在内涵表述上存在差异。

在此基础上学者们进一步细化了教师教育信念的内容及结构。从内容要素来看，有宏观和微观两种观点：如马莹从宏观的角度认为理想的教师教育信念内容包括生命信仰层、教育信念层和教学信念层三个层次；而谢翌则将教师的教育信念放在整个学校中的活动中进行研究，形成了自己的研究框架，形成了相对微观的内容层次：关于学校愿景的信念；关于教育活动的信念；关于学生的信念；关于自我的信念；关于学校社会规范的信念等。但是另有学者提出仅仅关注教育信念系统的"构件"不够，应该进一步关注"构件"之间的关系，即教师教育信念结构。如丁道勇在其博士论文提出，教师教育信念结构应从"中心—边缘"和"个人—集体"两个

① 陈向明. 实践性知识：教师专业发展的知识基础[J]. 北京大学教育评论，2003（1）：104-112.

② 吕国光. 教师信念及其影响因素研究[D]. 兰州：西北师范大学，2004：8.

③ 谢翌. 教师信念：学校教育中的"幽灵"——一所普通中学的个案研究[D]. 长春：东北师范大学，2006：39.

维度来研究。①比较分析以上观点，总体上人们都是从教师实践活动环境、职业自身以及教育教学活动内容等视角来判断教师信念系统发展和运作的基本成分。因此，教师信念的基本维度包含四个：关于教师职业自身（如职业愿景、职业价值、职业地位、职业角色等）信念、关于学生和学习的信念、关于教育活动的信念、关于教师实践活动环境的信念。

2. 教师教育信念与教师专业发展的关系

研究者一般都认同教师教育信念推动教师专业发展。教师信念是专业发展的结果，信念的改变是一种较为深层次的教师专业发展②；教师信念是教师专业发展的内在动力。③但是我国对教师教育信念及其专业发展的研究多是从"他者视角"，即研究者站在场域外对其他教师进行个案研究或质化分析。自2011年以来开始有学者从"自我视角"进行剖析，如薛国军结合自己在师范大学的硕士学习经历对自己的教育信念进行研究。④

教师教育信念与教学行为关系具有复杂性。徐泉认为，教师根据自身教育信念结合实际情况做出教学决策，产生相应的教学行为，这一行为导致的结果反作用于教师自身的教育信念，强化或改造原有的信念⑤，即教学信念与教学行为相互影响、相互制约。到底教师信念与教学行为的关系究竟是大体一致还是具有部分一致性抑或是基本不一致，学界并没有给出统一的答案，因此也一直是教师信念研究领域的热点之一。

3. 教师信念形成与转变的影响因素

教师职业信念受到来自个体内部建构、外界客观环境及两者共同作用

① 丁道勇. 中国小学德育教师的教学信念与教学行为[D]. 香港：香港中文大学，2009：21.
② 陈艳清. 超越教学：高校英语教师的教师信念及其专业发展过程检视[D]. 重庆：西南大学，2006：27.
③ 肖正德. 基于教师发展的教师信念：意蕴阐释与实践建构[J]. 教育研究，2013：86-92.
④ 薛国军. 重建教师信念：一位英语教师的自我研究[D]. 金华：浙江师范大学，2011：28-72.
⑤ 徐泉. 高校英语教师信念影响因素研究[D]. 上海：华中师范大学，2011:18.

的影响。研究发现：教师信念的来源主要包括个人经验与社会建构两个方面。如辛涛、申继亮（1999）认为，教师教育观念的来源主要是由个人直接经验、文化适应、教育和学校教育等途径形成。[①]谢翌（2006）揭示了学校同事及其所在学校的文化对教师信念及其改变的影响作用。这些研究都是对外在影响因素的讨论。吕国光（2004）揭示了教师信念的内在影响因素。由此来看，在教师信念的形成中，个人的生活经历、学校教育和自身教学实践、社会文化的影响等因素是不可忽视的。

4. 教师信念的培育

对教师信念的研究往往最后的落脚点是如何培育和形成良好的教师信念。如俞国良（2000）提出认识上的重视和教育实践是培育教师信念的关键[②]；林一钢（2008）、马莹（2012）则认为应该重视培养职前教师批判反思能力和在职教师学校文化的转变；肖正德（2013）提出教师信念形成是一个内在体验与外在环境相互作用的过程。因此，对于教师信念的培育要求职前培养与职后教育一体化、个体建构与社会文化建构相互作用。

三、研究的反思与展望

通过对国内教师教育信念相关文献的整理和分析，笔者发现目前国内研究者对教师教育信念内容的研究较为全面，涉及内涵、结构、作用、现状、影响因素、改进措施等各个方面。研究视角方面，学界已经从教师的专业发展、知行关系、新课改政策等视角对教师教育信念进行了研究，为后续的研究奠定了丰富的理论基础；从研究对象来看，学科教师中英语教师受到关注（词频 68 次，见表 2-2-1），许是因为国外关于教师"具体"信念研究的主题分布也密集于语言文字类，外语学界的研究者最先敏锐地关注到信念问题。不同学段教师中，中小学教师备受关注，幼儿教师和大学

---

① 辛涛，申继亮. 论教师的教育观念[J]. 北京师范大学学报（社会科学版），1999：6.

② 俞国良，辛自强. 教师信念及其对教师培养的意义[J]. 教育研究，2000：16-20.

教师的教育信念关注不足；研究方法方面，结合了理论思辨和实证研究。其中实证研究既有通过问卷调查展开的量化研究，也有使用人种志或者叙事法深描教师教育信念的质性研究，并也出现了少量的隐喻法研究范式。但纵观整个教师教育信念的研究现状，仍存在一些需要改进的地方。

（一）研究视角的转变

一直以来，我国教师教育信念的研究主要从教师的认知层面展开，主要关注教师个人的思维和认知；但国外教师教育信念研究已不再局限于认知理论的框架内，而是置于社会学理论框架中，教师教育信念是教师与所处社会文化环境互动的产物。教师信念根植于一定的文化，教师是教育职场中的人，同时也是社会中的人，教师与本土文化和社会情境如何互动形成具有个性化的教育信念是未来学界需要关注的要点。

（二）研究主题的丰富

目前，学界通过实证研究横向对比不同层次教师的教育信念系统，这种静态的研究成果已初具规模。但是，教师的教育信念并不是一成不变的，而是随着实践的推进和环境的变化发生变化，因此教师教育信念应被视为一个动态发展系统。因此，需要加强历时性研究，包括追踪师范生从职前教师到新手教师、教师从新手到熟手乃至专家的教育信念变化过程，解读影响教师教育信念的关键人物和关键事件。同时，教师教育信念研究应该突出学科特色。目前学界比较多地关注英语教师，但不同学科的教师有不同的教育信念尤其是教学信念，因此需要关注不同学科教师的教育信念及其教育信念与教学行为的关系。此外，教师教育信念研究应该延伸到具体知识与技能的教学中。不同知识和技能的教学，其教学理论有比较大的差异，各学科教师是如何理解和传授这些内容以及是什么样的信念决定了他（她）的教学决策需要得到学界的关注。

（三）研究对象的扩展

国内研究关注了英语教师群体，但还需要关注其他学科群体；虽然关注了中小学教师，但还需要关注幼儿教师、大学教师和乡村教师。相对而言，幼儿教师入职门槛低，但幼儿教师的思想观念和言行举止对孩子形成学习观和发展观有着极大的影响。因此幼儿教师的教育信念应该成为学界关注的要点。大学教师，尤其是教师教育者的教育信念应该受到关注。教师教育者不仅"教学习"还要"教教学"，他们的教育信念直接影响了师范生的教育信念，甚至可以说是直接移植于师范生的信念中。另外，虽然现有研究兼顾了在职教师群体和师范生群体，但农村地区和民族地区教师教育信念的研究被严重边缘化。乡村教育是我国整个教育的短板，虽然现在国家推行了"乡村教师支持计划"，通过特岗计划和公费师范生制度基本确保了年轻教师"下得去"目标的实现，但这些青年教师是否有着坚定的从教信念、是否会因为外在环境的改变而改变自己的教育信念等问题都是值得深究的问题。

（四）研究范式的融合

目前学界对教师教育信念的研究主要是采用基于问卷或者调查量表的量化粗探式研究或者是倾向于个案、叙事等质性深描式研究，也就说当前研究范式多是单一的质性或量化研究，相比之下混合研究方法的探讨和心理范畴的深挖较少。近年来国外学者开始使用隐喻分析法（Wan etal. 2011）和行动研究法研究教师教育信念，为深入研究教师教育信念提供了新的方法。虽然我国也有少部分学者尝试使用该方法，但对原始材料的隐喻解读和材料的质性分析比较简单粗糙，缺乏深度和学理性。教师信念的问题是一个极其内隐的问题，也是一个系统化的复杂问题。学界需要采用多种研究方法组合搭配和交叉印证，以更全面客观地揭示教师教育信念的本质属性、基本特征、内容维度和影响要素等。

总之，未来国内在教师教育信念的研究应该在研究视角的转变、研究主题的丰富、研究对象的扩展和研究范式的融合等方面做出积极探索，在借鉴国外研究成果的基础上，结合我国教师教育特色，形成具有国际性和本土化的研究路径。

实 证 篇

第三章
乡村小学职前教师的教育信念：基于公费师范生的视角

随着教学研究和教师发展研究的重要转向，教师教育信念成为一个备受关注的主题。对教师教育信念的探析有助于教师更好地认识自己的教学行为和提升教学理念。现有研究表明，教师教育信念是个人在长期经验、文化背景及教育相关影响下产生的概念系统，因此不应该只是在职后阶段才被关注和讨论。[①]教师职前阶段，尤其是师范教育阶段的师范生的教育信念理应得到关注。考虑到从一般的师范教育专业所选择的研究对象毕业后并不一定都会进入乡村小学，因此本研究特别选取了定向乡村小学培养的公费师范生为研究对象。公费师范生在进入师范院校前都与当地教育局签订了毕业后回当地乡村任教 6 年或 6 年以上的培养协议。近年来的调查数据显示，公费师范生履约入职的比率达到了 90% 以上。因此，选择公费师范生作为研究对象来了解乡村小学职前教师教育信念是非常合适的。

第一节　公费师范生教师教育信念结构的隐喻分析

学界研究教师教育信念的方法多种多样，有量化研究法、访谈研究法、叙事研究法和自我研究法等。教师教育信念具有内隐性，很多时候教师对自身角色、师生关系、课程、学习的看法是潜意识的。因此，有研究者指

---

① 胡玲翠，秦立霞. 实践场域下免费师范生教师信念发展研究[J]. 学术探索，2013（8）：140-144.

出剖析教师隐喻是探究教师内心世界，促进教师认知的途径。[1]教师隐喻是教师通过隐喻所表达的自己对"教师是什么""学生是什么""教学是什么"等方面理解的浓缩和载体。[2]透过隐喻表达，可以反映出教师内隐的教育信念。

一、隐喻分析

从认知的角度讲，隐喻是人类将某一领域的经验用来说明或理解另一类领域的经验的认知活动。隐喻研究所得到的文字和图像材料可以说是一块未经雕琢的璞玉，只有经过研究者的整理和分析，才可以为科学研究提供参考。根据研究目的，研究者对所获得的原始材料进行一个系统化的分析加工过程，一步步聚焦、归纳，将材料所蕴含的内在含义进行挖掘。这不是一个研究者进行天马行空的创造过程，而是对事实和原始意义的还原。通过被试所完成任务的内容来确定其隐喻形象的选择，比如通过他们所画的图画、所写文字的说明部分，都可以反映他们关于教师、学生和教学的真实想法。教育隐喻的使用不是教师心血来潮的结果，而是教师深深感悟教育和理解教育的创造性和独特性的彰显。[3]隐喻为我们揭示隐藏在教师内心深处的教师教育信念提供了一条有效的途径，我们可以通过隐喻的构建来了解、批判和提升教师的教学信念。分析教师在叙述中的隐喻可以很好地揭示教师的教育信念。如把教师隐喻成"园丁"的教师，其教育信念是学生如同花草需要教师来培育和修剪。该隐喻揭示了教师一方面认同学生有共同发展的规律，且不同阶段的学生培育和修剪的方式是不同的。但是又存在人为的强制性，忽视了同一阶段学生中不同个体的差异性，惯用整齐划一的方式教育同一阶段的不同学生，忽视个体之间的差异性。同时，

---

① 转引自梁婧玉. 隐喻：教师信念研究的重要途径[J]. 山西师大学报（社会科学版），2011（1）：155-157.

② Chen，David D. A Classification System for Metaphors about Teaching[J]. The Journal of Physical Education, Recreation and Dance, 2003(2): 50-54.

③ 姜美玲. 教师实践性知识研究[M]. 上海：华东师范大学出版社，2008：163.

根据优胜劣汰的自然法则，还存在着淘汰不合格学生的行为。可见，教师角色的隐喻无形之中都揭示了不同的教师教育信念。

本章通过采用隐喻分析方式对公费师范生的教育信念进行研究，以反映乡村小学职前教师教育信念的基本结构及特点。具体来说，包括以下两个方面：第一，运用隐喻分析法调查公费师范生在教师角色、学生发展和教学实践三个方面的信念现状；第二，运用扎根理论的资料分析法揭示公费师范生教师教育信念的结构及其特征。

二、研究设计

（一）研究对象的选择

本研究以师范院校正在乡村小学开展顶岗实习工作的公费师范生为研究对象。选择该群体的原因是，他们都是公费师范生，按照培养协议，他们毕业后都将按照协议规定回到乡村小学任教；同时他们目前正处于顶岗实习阶段，也正好是他们基于成长经历和师范院校的课程学习所形成的教育信念与乡村教育实践碰撞互动的过程。通过对该群体的考察，不仅可以了解到乡村小学教师任职前的教育信念状态，还可以发现在乡村的初次教育实践对他们教育信念所形成的影响。为了便于开展研究，此次研究主要从 H 省两所培养公费师范生规模最大的师范院校的大四顶岗实习生中抽取样本。基于目的抽样和方便原则，最终选取了 40 个样本进行深度访谈。为了让样本具有更好的代表性，所选择的 40 位调查对象兼顾了不同性别、不同专业、不同实习区域和不同实习学校类型等多个层次。

（二）调查方法与资料分析方式

1. 隐喻式调查

本研究需要首先向被试解释清楚隐喻性表达的工作机制，让每个样本了解到隐喻生成应具备的条件，避免搜集到无效的、不规范的语料信息。同时，还通过典型教师隐喻样例向被试展示隐喻的认知和交际意义，以此增强他们对教师信念隐喻的认识，激发他们运用隐喻来完成任务的主动性和积极性。研究者与被试之间的沟通和信息互换有助于实现调查目的。

为了收集到最原始的隐喻语料，也为了避免因问题过多过细导致重复语料信息的收集，我们围绕教师教育信念的基本内容，从教师对自身角色、学生认识和教学实践理念三个方面各设计一个开放性问题。

（1）什么能代表实习教师的形象？为什么？

（2）你心目中的学生形象是怎样的？为什么？

（3）你认为教学是什么？为什么？

（答题要求：请被试们将回答的概念投射成 1~2 样事物，包括人、动物、植物及器物等来进行表述，答题时间限为 1 天之内，可以是文字表达，也可以是画图。完成后通过邮件或纸质稿递交。所有信息均做保密处理，请被试们认真考量，放心作答，并在回答后面给出相应的解释。）

本研究并不提供预设的、先入为主的隐喻性表达给被试选择或判断，而是要求被试自动生成隐喻性表达，再通过文字做出相应的解释。这样的好处是可以让被试少受已有隐喻表述的干扰，从而更多地挖掘自身内心深处的信念投影，使得回答更多样化、真实化。

因此，看似简单的三个问题，却需要被试在回答问题时用间接的、无直接关系的名称概念甚至图画来对内心印象做出阐述，不能用直接的概念或经验表述；回答过程的时间限制较为宽松（但不得与他人交流），被试可以在深思熟虑之后更谨慎地、全面地做出隐喻性表达，从而减少因隐喻投射过程中的不当联结造成的信念与表述有偏差的可能。最后要求被试在每一个回答（隐喻性表达）后面给出相应的解释，以方便在资料处理时能够正确提取出概念类属。通过隐喻式调查获取了 40 份图文型访谈文本。

2. 基于扎根理论的资料分析

本研究使用扎根理论的资料分析法。扎根理论（Grounded Theory，GT）是由哥伦比亚大学的斯特劳斯（Anselm Strauss）和格拉斯（Barney Glaser）两位学者于 1967 年在其专著《扎根理论之发现：质化研究的策略》中首先提出的。扎根理论并不是一种实体理论，而是一种研究的路径，或者说是一种方法论，它可以被看作是质性研究领域众多路径中的一种。①它的突出特点是研究的目的是从经验资料（Empirical Data）中生成理论，而不只是描述和解释研究现象，或针对被研究者的叙事结构、话语特征或生活史进行分析。研究者在研究开始之前一般没有理论假设，直接从实际观察和访谈入手，从原始资料中归纳出经验概括，然后上升到系统的理论。这是一种自下而上建立实质理论的研究方法。②因此，扎根理论是方法论，用于发现隐藏在数据背后的理论。节点归纳和编码过程是扎根理论的核心。扎根理论需要仔细地编码数据，将数据中的具体现象归类成相关要素。一般而言，扎根理论的主要思想体现在三级编码上，即开放式编码（Open-coding）、主轴编码（Axial-coding）以及选择性编码（Selective-coding）。

本章采用 Nvivo11.0 plus 质性分析软件对公费师范生教师教育信念的隐喻表达进行分析，并对结果进行量化统计，在此基础上形成相应的研究结论。Nvivo11.0 plus 是一款用于分析如文字、声音、视频、图片等质性资料的软件，具有强大的编码功能，同时还具有编码比较功能来比较不同时间段的编码以检测信度和进行差异分析。通过编码分析，可形成可视化图表。

通过对隐喻式调查获取的 40 份图文型原始资料进行统一的格式整理后，运用扎根理论三级编码方式进行编码分析。第一级为开放式编码：对原始资料编号并进行初步分析，反复阅读深入理解图片和文字材料，了解每个被试的完整想法，遇到无法弄懂的形象时，对被试进行回访，确定后再对每个问题所涉及的隐喻形象进行关键词编码，形成关键概念。第二级为主轴编码：将上一步确定好的隐喻形象关键概念进行相互对比分析，找出不同形象的共通性或差异之处，对原始材料进行归类，形成范畴。第三级为选择性编码：进一步对不同的范畴进行抽象概括，形成核心类属。

① Strauss A L. Qualitative Analysis for Social Scientists[M]. New York：Cambridge University Press, 1987: 54-58.
② 陈向明. 扎根理论的思路和方法[J]. 教育研究与实验，1999（04）：58-63+73.

三、资料编码与数据分析

由于样本量较大，运用 Nvivo11.0 plus 质性分析软件协助完成三级编码。首先将 40 份资料输入成电子文档，命名为 S01、S02、S03……，随后将文档导入 NVivo11.0 plus 中，成为分析的最原始资料。

（一）隐喻识别

在隐喻调查中，会出现许多具有创新性和充满想象力的表达。如一名理科专业的师范男生对教师角色的认知中说道"乡村小学实习教师如同新上市的 CPU"。继而他解释道："实习教师任教后便是 CPU（中央处理器），需要处理许多家长、学校、班级、学生、同事之间的问题。新上市可以理解为教育理念较新，但也需要'市场'的检验与认可。"像这样，样本运用自己熟知的事物对实习教师的角色形象进行了合理的隐喻，且与现有教师角色的理论表述不相同，可以判定这是一条符合规范的隐喻性表达。研究者对 40 份包含隐喻形象的图片和文字材料进行初步阅读，对样本的表达进行隐喻识别，确保每一份样本的每一个问题都是属于隐喻性表达。对于个别不符合隐喻表达的样本，研究者对这些表达均做了回访，并让被试重新提供了有效回答。通过对样本隐喻表达的初步统计，发现每个人在表述时都有一定的差异，在对教师角色、学生、教师的认识中各有 40 个隐喻表达，构成了乡村小学实习教师教育信念隐喻源（详见表 3-1-1）。

表 3-1-1　乡村小学实习教师教育信念隐喻源

维　度	隐喻性表达
教师角色	副经理、新上市的 CPU、幼鲨、小树苗、船夫、白杨、落花、初生牛犊、大树、月亮、导游、长跑运动员、湖泊、熬鹰人、浮木、学者、护士、鸟妈妈、灯光不大的灯塔、梳子、猩猩、野草、乔木、大熊猫、宠物仓鼠、青蛙、蚯蚓、成长的大树、小牛、蚂蚁、剪刀、芯片、CPU、司机、笼子、音响、手机、手电筒、铅笔、复写纸

维　度	隐喻性表达
学生信念	好奇的金鱼、小兔子、定时炸弹、纯净水、弹力球、白板、猫咪、种子、哆啦A梦、画布、雏鹰、熊二、红领巾、风筝、镜子、大风车、清晨的阳光、种子、娃哈哈、初升的太阳、无字之书、弹簧、羊群、精灵、向日葵、朝阳、机灵的捣蛋鬼、大海上的小船、熊猫、动物园里的动物、刚发芽的种子、毛线、功夫熊猫、小草、水杯、橡皮泥、没有通电的灯泡、温室里的花朵、未能飞翔的雏鹰、小猴子
教学信念	一场旅行、水滴石穿、亡羊补牢、煲汤、敲打、绘画、交换、栽培、告白、交朋友、飞翔、放牧、潜水、挖井、踢皮球、合唱、蜘蛛织网、春游、量尺、齿轮、破译密码、医生给病人配药、搭建桥梁、浪淘沙、授人以渔、桥梁、攀登、冒险、参观、修剪、开垦、织毛衣、刺激、下雨、往池子注水、种树的过程、淘金、注射、观察、天平

其中部分样本对学生的认知提供了图画作为隐喻回答（如图 3-1-1 所示）。如 S04 在隐喻学生形象时给出了一幅"小草"的简笔画。文字解释是：学生都是小草，还没有成熟，需要阳光雨露的照拂。S08 给出了一幅"未能飞翔的雏鹰"简笔画，文字解释是：未能飞翔的雏鹰，但依旧渴望着蓝天，学生是潜力无限的，但仍需要鹰妈妈的指导和帮助以及自己的不断练习才能成功飞翔。经过隐喻识别，这些回答符合"A=B"的隐喻形式，是规范的隐喻性表达。

图 3-1-1　样本提供的图画

（二）开放式编码

开放式编码是对原始数据的分解、打散，逐行逐句地对原始数据进行概念化和范畴化的过程。开放编码通常遵循以下过程：资料—贴标签—概念化—范畴化。[①]由于本研究中的隐喻表达即样本的原始标签，因此，此处的贴标签省略，直接从概念提取开始。

1. 概念提取

对被试所提出的图片、隐喻形象进行深入理解，并结合文字简介了解每个被试的完整想法，确定其隐喻表达的真正含义并进行概念提取，即提取出隐喻所代表的教育含义的关键信息，建立节点。如隐喻表达 "教师是灯光不大的灯塔"，文字简介是 "引导学生在知识的海洋上航行"，提取的概念为 "引导学生"。为保证能够充分揭示被试的教育信念状况，对材料的概念提取尽可能深入细致，会出现同一个隐喻表达提取出多个概念的情况。如 S12 把学生隐喻为 "纯净水"，表示学生是一瓶没有颜色的水，教师引导学生的方式和行为会决定学生的成长，如同给纯净水加颜色一样，加什么颜色就会变成什么颜色的水。提取的概念包括 "单纯" 和 "可塑性强"。再如 S4 认为教师的教学就如同 "一场旅行"，教师需要像导游一样向学生传递信息，教学过程中教师与学生应该是平等、相互尊重的，但有时候就像导游会强制游客消费一样，教师需要采用一些强制性的措施管理学生（提取样例见表 3-1-2）。当然，提取时会出现虽然隐喻不同，但实际所表达的教育内涵信息相同的情况。我们将不再建立新节点，而是在原有节点上增加频数即可。

035

---

① Strauss A L. Qualitative Analysis for social Scientists[M]. New York: Cambridge University Press, 1987: 54-58.

表 3-1-2　公费师范生教育信念原始资料概念提取示意

维　度	隐喻回答	解释（截取部分以供参考）	概念提取（节点）
教师职业信念	灯光不大的灯塔	引导学生在知识的海洋上航行； 因为经验缺乏，发出的灯光较弱，对学生的影响不大	引导学生影响有限
	湖泊	实习教师知识丰富有如湖泊，但能力有限无法像大海一般能掀起巨浪	知识丰富能力有限
	白杨	枝叶少，象征实习教师的经验与成就少； 枝干挺拔冲天，意味着实习教师在入职前期都有着积极进取的心态； 易存活，什么环境都能适应	经验有限积极进取可塑性强
学生信念	小兔子	小学生都是活蹦乱跳，天真烂漫的	活泼可爱
	纯净水	你往里面加什么颜料他就变成什么颜色	单纯、可塑性强
	雏鹰	每个学生都是极具潜力的人，但还未能成长起来	潜力大
教学信念	一场旅行	教师充当导游的角色向学生讲解新内容； 导游和游客是彼此尊重的； 导游可能强迫游客消费，教师也可能用强制性的规矩管理学生	教师讲解师生平等管制学生
	量尺	教学是度量教师水平最好的量尺，也是鉴定学生品性、潜能、优缺点的标尺	甄别工具

注：同一隐喻有多个关键信息，提取出多个概念，形成多个节点。

2. 初步范畴化

通过采取持续比较的方式对每个表达进行两两对比，将相近概念的回答归为一处，有不相近的回答则分类表述。如经过比较后，教师职业信念中"白杨""湖泊""灯光不大的灯塔"等隐喻中都蕴含了公费师范生教育教学经验少、能力有限、影响力不够的关键信息，可以概括为一个范畴：经验不足。学生信念中"纯净水""白板"和"无字之书"等隐喻中都包含了把学生看作空白体，等待教师来改变或塑造等关键信息，可以概括为"单纯幼稚"范畴。教学信念中把教学隐喻为"煲汤""敲打""栽培""开垦"等都包含了把教学看作是一个人才培育的过程，可以概括为"培育人才"范畴。经过对概念的归类，公费师范生的教育信念中包含了 26 个初级范畴的教师职业信念（以 TA 代表，详见表 3-1-3）、22 个初级范畴的学生信念（以 SA 代表，详见表 3-1-4）和 20 个初级范畴的教学信念（以 LA 代表，详见表 3-1-5）。

表 3-1-3　公费师范生教师职业信念开放编码结果

初级范畴	代　码	参考点数	初级范畴	代　码	参考点数
经验不足	TA01	17	教学手段单一	TA14	2
心态积极进取	TA02	5	愿意奉献自己	TA15	11
可塑性高	TA03	2	社会压力大	TA16	8
关爱学生	TA04	3	任职时间短,工作不稳定	TA17	2
具备一定能力	TA05	18	备受关照	TA18	1
新入职	TA06	6	引导学生	TA19	7
需要认可	TA07	2	受影响限制因素多	TA20	8
发展潜力大	TA08	9	需要磨砺与学习	TA21	7
社会关注度不高	TA09	8	管制学生	TA22	2
处于成长状态	TA10	7	革新意识较强	TA23	3
不如老教师受尊敬	TA11	2	知识丰富	TA24	7
地位普通	TA12	3	成就少	TA25	7
年轻朝气	TA13	2	待遇低	TA26	7

*注：同一节点可能在多个材料的隐喻中出现，通过归类形成的范畴会有
　　　多个参考点。下同。

表 3-1-4　公费师范生学生信念开放编码结果

初级范畴	代 码	参考点数	要素名称	代 码	参考点数
需被关照	SA01	1	自主性不够	SA12	2
个性被压制	SA02	1	能听从指挥教导	SA13	3
充满好奇心	SA03	4	潜力大	SA14	13
单纯幼稚	SA04	12	热爱集体行动	SA15	1
规则意识不强	SA05	4	思维发散	SA16	3
活泼可爱	SA06	9	天赋不一	SA17	3
积极向上	SA07	9	顽皮捣蛋	SA18	7
可塑性高	SA08	10	喜欢探索	SA19	3
渴求认可与表扬	SA09	2	家长的宝贝	SA20	1
模仿学习能力强	SA10	3	需要管教	SA21	8
内心善良	SA11	6	需要引导培育	SA22	14

表 3-1-5　公费师范生教学信念开放编码结果

初级范畴	代 码	参考点数	要素名称	代 码	参考点数
传授学习方法	LA01	2	培养优秀品质	LA11	5
传授知识	LA02	11	培育人才	LA12	9
督促学习	LA03	2	平等交流	LA13	8
度量学生的工具	LA04	2	深入观察	LA14	8
发掘潜力	LA05	10	探索世界	LA15	6
共同发展	LA06	5	调整师生关系	LA16	5
管制学生	LA07	5	艺术创作	LA17	8
教师讲解	LA08	8	易模式化	LA18	3
深入研究	LA09	9	因材施教	LA19	3
进步成长	LA10	7	引导方向	LA20	6

（三）主轴编码

根据开放编码的结果将初级范畴化进一步抽象概括，将关联性较强的范畴合并归类成具有一定概括性的主范畴的过程即为主轴编码。根据斯特劳斯的观点，主轴编码通过编码范式模型（Coding Paradigm Model）即：（A）因果条件，（B）现象，（C）情境（脉络），（D）中介条件，（E）行动/互动策略，（F）结果，将类属和次类属重新组合。①也就是需要考察初级范畴之间的联系，继而建立各概念的类属关系，以形成初步的主范畴内容结构。例如，在教师职业信念主轴编码中，TA05（具备一定能力）与TA13（教学手段单一）都是在阐述公费师范生的专业能力，二者的内容维度均为"专业能力"。再如，通过TA02（心态积极进取）、TA04（关爱学生）、TA07（需要认可）、TA14（愿意奉献自己）可以看出，这部分公费师范生对自身的描摹是倾向于教师的专业情感维度，因此将其合并归纳为"专业情感"。在学生信念主轴编码中，SA05（规则意识不强）、SA16（思维发散）、SA17（天赋不一）都是属于对学生认知特点的描述，因此将其合并为"学生认知特点"。在教学信念的主轴编码中，LA01认为教学是传授学习方法，LA02认为教学是传授知识，两个编码都是包含了教学内容这个关键信息，因此将二者概括为一个维度："教学内容"。同时，为了呈现出群体的整体特点，对参考点数较低（低于2）的节点当作偶然性结果进行剔除处理，以便进一步找出群体在该维度上的整体特点。如学生信念中"家长的宝贝"（SA20）抽象为"学生的家庭地位"范畴，但由于节点数为1，删除该范畴和节点。通过对开放编码的深入分析与抽象概括，公费师范生的教师职业信念包含9个主范畴（详见表3-1-6）、学生信念包括5个主范畴（详见表3-1-7）、教学信念包括6个主范畴（详见表3-1-8）。

---

① Strauss, A &Corbin, J. Basics of qualitative research: Grounded theory procedures and techniques[M]. Newbury Park: Sage, 1990: 96.

表 3-1-6 公费师范生教师职业信念主轴编码结果

主范畴	代 码	包含内容	参考点数
职业地位低	TB01	TA09、TA11、TA12、TA17	14
职业压力大	TB02	TA15、TA16、TA19	18
专业情感积极	TB03	TA02、TA04、TA14、TA26	21
专业能力不足	TB04	TA01、TA05、TA13、TA18、TA21	46
职场新人	TB05	TA06、TA10	13
职业价值弱	TB06	TA24	7
专业知识丰富	TB07	TA22、TA23	10
专业发展意愿强	TB08	TA03、TA08、TA20	19
职业期望较高	TB09	TA07、TA25	9

备注：主范畴的参考点数由所包含的初级范畴参与点数相加得出。下同。

表 3-1-7 公费师范生学生信念主轴编码结果

主范畴	代 码	包含内容	参考点数
学生个性特点	SB01	SA03、SA04、SA06、SA08、SA09、SA11、SA14、SA18、SA19	66
学生认知特点	SB02	SA05、SA16、SA17	10
学生情感特点	SB03	SA07、SA15	10
学生学习特点	SB04	SA10、SA12、SA13	8
学生学习地位	SB05	SA01、SA02、SA21、SA22	24

表 3-1-8 公费师范生教学信念主轴编码结果

主范畴	代 码	包含内容	参考点数
教学任务	LB01	LA03、LA05、LA11、LA15、LA20	29
教学内容	LB02	LA01、LA02	13
教学方法	LB03	LA08、LA09、LA14、LA18、LA19	31
教学价值	LB04	LA04、LA10、LA12、LA16、LA17	31
教学管理	LB05	LA07	5
师生关系	LB06	LA06、LA13	13

（四）选择性编码

在主轴编码的基础上选择核心类属，使得不同的概念类属依靠内在关联能围绕核心类属形成范畴模型。如乡村小学实习教师认为教师职业地位低（TB01）、职业压力大（TB02）和职业价值弱（TB06），这三者都是反映实习教师对教师职业的认知，且存在整体不乐观的状况，因此将三者提炼为"职业认知整体不乐观"（TC01）。他们对学生的认知倾向于从学生个性特点、认知特点和情感特点等三方面来展开，因此将这三者抽象概括为"学生心理观"（SC01）。在对于教学的认识中，教学任务（LB01）和教学价值（LB04）都反映出教师对教学结果与效果的关注，结合具体的认知内容，把两者概括为"育人型教学目标"（LC01）。经过分析发现，公费师范生的教师职业信念的 9 个主范畴之间存在明显的逻辑关系，通过归纳形成了 4 个核心范畴；5 个学生信念的主范畴可以归纳形成 2 个核心范畴；6 个教学信念的主范畴可以归纳形成 3 个核心范畴（详见表 3-1-9）。

表 3-1-9 公费师范生教育信念选择性编码结果

维　度	核心编码	代　码	包含内容	参考点数
教师职业信念	职业认知整体不乐观	TC01	TB01、TB02、TB06	39
	专业知识与实践能力反差	TC02	TB04、TB07	56
	专业情感浓厚	TC03	TB03、TB09	30
	专业发展诉求较多	TC04	TB05、TB08	32
学生信念	学生心理观	SC01	SB01、SB02、SB03	86
	学生学习观	SC02	SB04、SB05	32
教学信念	育人型教学目标	LC01	LB01、LB04	60
	转向生本的教学过程	LC02	LB03、LB05、LB06	49
	重知型教学内容	LC03	LB02	13

*注：选择性编码的参考点数由所包含的主轴编码参考点数相加得出。

四、调查结果与分析

（一）教师职业信念特征

整理数据资料可以得知，公费师范生对自身形象的信念主要包括职业认知、专业知识与能力、专业情感、专业发展四个方面（详见表 3-1-10）。

表 3-1-10 公费师范生教师职业信念的特征统计

核心编码	主范畴	频　次	总频次（百分比）
职业认知整体不乐观	职业地位低	14	39（24.8%）
	职业压力大	18	
	职业价值低	7	
专业知识与实践能力的反差	专业知识丰富	10	56（35.7%）
	专业能力不足	46	
专业情感浓厚	专业情感积极	21	30（19.1%）
	职业期望较高	9	
专业发展意愿强	职场新人	13	32（20.4%）
	专业发展诉求明显	19	

1. 职业认知整体不乐观

从调查来看，公费师范生对教师职业的认知主要由职业地位、职业压力、职业价值三个范畴形成。整体来看，他们对教师职业的认知不容乐观，一方面认为乡村小学教师职业地位低、职业成就感不高；另一方面认为作为乡村小学教师职业压力比较大。例如 S31 把"实习教师"隐喻为"蚂蚁"，理由是："蚂蚁小小的身体里蕴含着巨大的能量，能搬起比自己重几倍的东西，但由于体型小它的价值和功劳常常被他人忽视。"正如公费师范生实习中常常被要求完成很多工作。"学校一旦接到上级下发的任务，学校总是第一时间想到要实习教师来承担，认为这是给实习教师更多锻炼的机会。"为实习学校付出了很多的心力，但是却没有得到相应的回报与尊重。"即使是教师节这样的节日，正式教师都有节日福利，但我们实习老师就没有。""我想进入孩子家长的 QQ 群，但指导老师没有同意。"可见，实习学校虽然基本认可实习教师的能力，但不够认同和尊重实习教师的地位，也缺乏相应的福利待遇。类似的隐喻还有很多，如把实习教师隐喻为"野草""小牛""蚯蚓"，这些隐喻都表现为内在力量比较强大，但也因过于稀松平常或体型小而常常被人忽视。

究其原因可能有三点：第一，公费师范生对教育教学工作自主性的期待较高。所选样本都是刚刚经历顶岗实习的公费师范生，进入实习岗位后他们从受教者学生向施教者教师的身份转变，这种身份的转变让公费师范生对即将从事的教师工作充满了美好的憧憬。作为一名新人，他们渴望自己的能力能够得到他人的认同，渴望自己得到新环境中学校老师的关注和支持，渴望自己能够得到学生的喜爱，普遍存在渴望被认可、被尊敬的心理。但现实的教育教学工作却并非如他们所愿，从而形成心理落差。持续的岗位压力又不断地消磨公费师范生最开始入岗时的激情，他们逐渐形成低成就感的职业认知。第二，公费师范生实习前缺乏乡村教师职业体验。公费师范生在进入乡村学校之前，都没有体验过乡村教师职业，内心里认定乡村小学教师是一份压力比较小、工作轻松的职业，但进入实际岗位后，发现现实与原本的认知存在很大的差异，也产生了心理落差，因此产生乡村小学教师职业压力大的认知。在实习学校工作，琐碎的教育教学日常工作，加之学校领导老师对实习生都有一种"压一压担子助他们更快成长"的观念，一些学校管理工作和非教学性事务也落到了实习教师的肩上。因此，进一步加深了他们对职业压力大的认知。第三，部分实习学校的领导和老师给予公费师范生的心理关怀和支持不够。通过与公费师范生的深入交流和观察发现，一些实习学校的领导和老师考虑到他们经验不足，还是把他们当成学生看待，而没有把他们当成新入职的同事。即使口头上称呼为"某老师"，但习惯并在前面加上"小"字，称为"小某老师"。工作中安排他们做一些繁杂的事务，如抄教案、改作业、做材料等。公费师范生也因为自身实习生的身份选择被动接受。即使他们一言不发，但内心十分抗拒这些被他们认为是琐碎、重复、机械的工作，从而在内心深处形成低成就感、低地位和高压力的职业认知。有公费师范生用"漂泊不定的浮木""一擦即消的铅笔字"等隐喻来形容自己在乡村实习学校的形象。

2. 专业知识与实践能力的反差

从调查来看，公费师范生大多认为自身专业知识与实践能力存在反差，具体表现为专业知识能及时更新且丰富多样，但教育教学实践能力比较缺乏。如 S05 把实习教师隐喻为"湖泊"，其文字解释为：实习教师的知识如湖泊的水一样非常丰富，但能力有限无法像大海一般能掀起巨浪。从中可看出实习教师的专业知识丰富，但实践能力还不能很好地与知识匹配。究其原因主要是：实习教师在师范院校的学习中掌握了大量具有创新性的教育理论，经历过多年的基础教育阶段的学习，其学科专业知识也比较扎实，这些理论知识为他们从教农村小学提供了充足的保障，但是他们在师范院校的学习中主要以理论学习为主，实践练习相对较少。虽然也有一些教育见习和实习活动的安排，但是受区域的限制，这些实训活动也都安排在城市学校。因此，实习教师对乡村小学的教育教学现状及乡村儿童的了解严重不足，当他们以顶岗实习教师的身份进入乡村小学开展工作时，他们常常无法结合乡村学校的现实状况来展开以致教育效果不佳。如 S19 把实习教师隐喻为"熬鹰人"，只能通过"熬"的方式去教育一只只雏鹰（学生）。不良的教育效果进而加深了他们对自身知识与能力失衡的认知。

3. 专业情感浓厚

从调查结果来看，公费师范生的专业情感非常浓厚，主要表现在积极的专业情感和热切的职业期望。虽然他们因求学或成长长期生活于城市，对乡村学校环境存在着这样或那样的不适应，但是他们作为一名实习教师，依然对乡村小学教师这个职业保持着奉献的精神和积极进取的意识。如 S10 把实习教师隐喻为"鸟妈妈"，认为工作中需要像鸟妈妈给小鸟筑巢一样，用自己的双臂保护学生；并且每天要传递新的知识给学生，如同鸟妈妈每天要寻找食物并喂给小鸟吃一样。S20 把实习教师隐喻为"乔木"，认为教师可以庇护一方，让孩子们在大树底下好乘凉。实习教师们努力去关爱学生、帮助学生，引导学生成长，希望成为学生人生道路上的一盏明灯，指明学生发展的方向。S04 把实习教师隐喻为"导游"，认为教师负有引导学生发展的重任。S16 把实习教师隐喻为"初生牛犊"，认为教师具有不怕虎的精神，能够充满激情和冲劲一往直前。可见，公费师范生对乡村小学教师这份职业是充满热爱的，这种热爱不仅表现在他们愿意付出，还表现在他们对这份职业有着热切的期盼。即使是实习教师，他们也渴望这份职业能够得到社会的认同与肯定，能够得到他人的尊重及相应的报酬。S39 把实习教师隐喻为"梳子"，认为教师虽然可以协助学校和学生梳理各种问题，但是一旦用完常常被搁置一旁不曾被人想起。实习教师对职业的渴望正是基于他们对这份职业的热爱，他们才会如此热切并希望成为其中一员。

4. 专业发展意愿强

从调查结果来看，公费师范生的专业发展意愿强烈，主要是由于作为职场新人，他们在工作中明显感受到自身的不足，对自身发展的愿望非常强烈，而且认为自己作为受过高等教育的青年人也完全有能力提升自己。如 S29 把实习教师隐喻为"长跑运动员"，认为教师需要在赛场上经历一次次的长跑比赛才能获得成就。换言之，实习教师需要在教育实践场域经历多次反复的磨炼才能成为一位优秀的教师。S30 把实习教师隐喻为"月亮"，认为其光辉不如太阳，意味着实习教师离优秀教师还有很远的距离，但他们入岗时对教育和学生热爱的初心仍在，就如同月亮的光辉一般清澈纯净，因此需要在实习中给予他们更多的指引和支持，助力他们在以后的教育职场中早日成为一颗"太阳"，照耀学生的心灵。

（二）学生信念特征

公费师范生对学生及其发展的认知包括学生心理观和学生发展观两个范畴。

1. 学生心理积极开朗但不成熟

从调查结果来看，学生心理观包括学生个性、学生认知、学生情感三个方面。第一，在个性方面，公费师范生对乡村学生的认识存在差异和矛盾。一方面他们认为乡村学生的性格表现为单纯幼稚、活泼可爱、内心善良等方面，如把乡村学生隐喻为"纯净水"（样本 S12）、"小兔子"（样本 S10）、"精灵"（样本 S30），这些隐喻形象都赋予了单纯善良、活泼可爱等积极意义，蕴含着对学生美好的期待。另一方面，他们认为乡村学生也存在调皮捣蛋、好动的特点，如一些教师把乡村小学生隐喻为"捣蛋鬼""熊孩子""小猴子"，认为学生可能在课堂上扰乱秩序、课后制造小麻烦让老师不省心，需要教师在日常教育教学工作中加以引导和规范。同时，公费师范生大多认为乡村小学生具有巨大的发展潜力，如把乡村学生隐喻为"雏鹰"（样本 S19）、"种子"（样本 S16）"橡皮泥"（样本 S5），需要教师激发学生的潜能，引领学生发展。但其中的引领也存在差异，持"雏鹰"和"种子"观点的实习教师强调通过指导、协助的方式来帮助学生发展自己，突出学生的主体地位；而持"橡皮泥"观点的实习教师重视教师对学生的塑造，强化教师的主体意识。第二，在认知方面，公费师范生认为乡村学生的认知能力比较弱，表现为规则意识不强、思维发散且天赋才能存在较大差异，如把乡村学生隐喻为"小金鱼"，因为金鱼注意力容易分散且记忆时间较短。第三，在情感方面，公费师范生认为乡村学生情感积极，表现为无论在生活还是学习上都有一颗积极向上的心，并能够关爱集体，如把乡村学生隐喻为"清晨的阳光"（样本 S24）、"初升的太阳"（样本 S27）、"向阳生长的向日葵"（样本 S31），这些隐喻形象都赋予了学生阳光、充满活力、乐观向上的积极意义，反映出实习教师对乡村学生精神面貌的肯定和认同。

2. 学生学习需要教师引导

从调查来看，学生学习观包括学生学习特点和学生学习中的地位。具体来说，从学生学习特点来看，公费师范生认为乡村小学生在学习过程中学习自主性不够且容易模仿他人的行为，如把学生隐喻为"弹力球"（样本 S22），教师拍一下，学生（球）弹一下，学习的主动性不够；也有教师把学生隐喻为"镜子"（样本 S31），认为他们能模仿他人的行为。小学生虽然活泼好动也容易调皮捣蛋，但他们基本能够听从教师的教导，有教师把学生隐喻为"羊"（样本S3），认为他们喜欢集体活动并能听从领头羊（教师）的引导。从学生在学习中的地位来看，基于对乡村小学生的心理积极开朗但不成熟的认知，公费师范生认为教师需要对学生实施教导，引导培育学生从不成熟逐步向成熟靠近，如把学生隐喻为"小草"（样本S4）、"大海上的小船"（样本S37），认为学生不够强大，需要教师的引导和帮助。因此，从学生心理观与学生学习观两方面信念来看，两者存在着一定的逻辑关系。

（三）教学实践信念特征

1. 教学目标以育人为主

从调查结果来看，公费师范生对教学目标的认识包含教学任务和教学价值两个方面。公费师范生对教师通过教学应达成的效果认识存在很大差异，主要有督促学习（LA03）、挖掘潜力（LA05）、培养优秀品质（LA11）、探索世界（LA15）、引导方向（LA20）等方面。通过教学，主要实现培育人才（LA12）和促进学生成长（LA10）两方面的价值。从中可以看出，公费师范生的教学目标不再局限于知识的学习，而是把学生当成完整的人来看待，试图实现学生的全面发展。

2. "生本型"的教学过程

从调查结果来看，公费师范生整体对教学过程的认知开始从教师主体向学生主体转变。数据显示，约三分之一的实习教师把教学过程理解为教师讲解教学（LA08）及对学生的管制（LA07），教学应该按照某一种模式进行（LA18）。但有67%的实习教师打破这种传统教学理念的认知，提出教师应该深入钻研教材及教学（LA09）、深度观察以了解学生（LA14）、实施因材施教（LA19），通过师生的平等交流（LA13）实现师生的共同发展（LA06）。如教学被隐喻为"栽培"（样本S16），认为教学就是栽种与培育；教学是挖井（样本S21），表示教学通过不断挖掘学生身上的潜能，让学生的能量如井水一般源源不断地涌现。由此可见，公费师范生对教学过程的认知开始从传统的"师本型"逐步转向"生本型"的现代化教学。

3."重知型"的教学内容

从调查结果来看，公费师范生对教学内容进行阐述时，很多人仍然认为教学内容要重视知识的传授，如教学被隐喻为"下雨"（样本 S04），其解释是将知识的雨点洒向求知的孩子们。这一隐喻把"如雨点般的知识"隐喻为教学内容，这一点似乎与之前的育人教学目标存在冲突和矛盾。出现这一问题的原因主要有两方面：一是因为所有育人教学目标的实现必须以知识为载体，因此知识仍然是教学中最为主要的内容；二是公费师范生受过良好的师范教育，因此对教育有很多美好的愿景，但真正要实现却不是一件容易的事情，以知识为主体进行教学相对而言比较好把控和实现，因此公费师范生在选定教学内容时重视知识的重要性。因此，"重知型"的教学内容与实习教师育人的教学目标并不冲突，他们内心深处是希望实现"全人"的育人目标，只是目前他们的能力和知识本身的价值让他们选择了对知识的重视。总体而言，公费师范生的教学实践信念受传统教学观念与新的教育理念的双重影响，教学理念比较先进但行动略显滞后。

五、研究结论

通过对 40 份样本隐喻表达的深度分析发现，公费师范生的教师信念的具体表征如下：

第一，教师职业信念层面：公费师范生的专业情感浓厚、专业发展意愿较为强烈，但他们对职业认知整体不乐观、专业知识与实践能力存在反差。表明公费师范生热爱乡村教师职业，有着良好的自我发展意识，但职业认知上存在焦虑。

第二，学生信念层面：公费师范生重视乡村小学生的心理特征，基本能够把学生看作"儿童"，能够积极地看待乡村儿童；还能根据学生的心理年龄特征来思考学生在学习中所处的地位，强调教师引导培育学生的重要性。

第三，教学信念方面：公费师范生关注"全人"的发展，能够确立以育人为主的教学目标，教学过程开始从传统"师本型"教学逐步向现代"生本型"教学转变。先进的教育理念和随之逐步转变的教学行为都预示着公费师范生的教学信念呈现开放创新的局面，但由于实践经验不足、自身能力锻炼不够等多重因素的影响，在教学内容的选取上仍以知识为主。

第二节　公费师范生教师职业信念现状及影响因素的质性分析

随着国家公费师范生政策的推行，公费师范生成为乡村小学最为重要的师资补充渠道。本章通过深度访谈 40 位公费师范生，运用 Nvivo11.0 质性分析软件，基于扎根理论自下而上的研究过程全面揭示公费师范生教师职业信念的基本现状，并系统构建影响公费师范生教师职业信念形成的因素模型，以期能够为优化公费师范生教师职业信念的培养提供参考依据，促进公费师范生良好职业信念的形成。

一、研究设计

（一）研究对象的选取

本次访谈的对象为湖南 D 师范学院的公费师范生。湖南 D 师范学院是湖南省规模最大的定向乡村培养小学教师的师范院校。该校培养小学教师的历史悠久，是湖南省首批开展公费定向乡村小学教师培养的学校，所培养的乡村小学教师遍布该省的各个县市，开设专业涉及小学各个学科，是一所在乡村小学教师培养上办学历史悠久、办学经验丰富、办学规模量大的师范院校，堪称是湖南省小学教师尤其是乡村小学教师培养的摇篮。此次访谈研究对象共选取了 40 位，全部选自该学校。在样本的选取上根据目的和方便原则，采用分层抽样的方法。首先，依托该校两种不同的培养模式，将公费师范生分成两大类：初中起点六年制本科生（简称初招生）和高中起点四年制本科生（简称高招生），其中初招生 20 名、高招生 20 名。

其次，根据性别差异，选取男生 10 位，女生 30 位。男女生比例为 1∶3 而不是 1∶1 的原因是师范院校中男女比例历来存在严重失衡，男生的比例远低于女生，因此在样本选取上男少女多。最后，考虑了不同年级样本的分布。其中，大一、大二、大三及大四年级人数分别为 9、8、9、14 人，四年级选取人数较多的原因是他们是毕业生，即将完成师范院校的全程学习奔赴乡村小学教师岗位，他们的教师职业信念更能反映出乡村小学职前教师的信念状况。整体来说，访谈样本的数量比较合理，考虑了性别、培养模式和年级不同的分布，具有一定的代表性。

（二）访谈调查设计

为深入调查，课题组编制了访谈提纲。访谈提纲的研制思路是：首先根据教师职业信念的基本内涵，从公费师范生职业认知、意愿和行为倾向等方面出发，了解教师职业信念现状及是否发生过变化；进而深入追问了解导致其教师职业信念现状及引起变化的原因，以此来剖析得出影响公费师范生教师职业信念的因素。访谈提纲共有 12 个问题，其中题号 1~2 涉及职业意愿，3~5 涉及职业认知，6~9 涉及职业态度，10~11 涉及职业行为倾向，在每一个问题的后面都以"为什么？"或"详述其理由"等方式追问其教师职业信念形成或变化的缘由。最后还设计了一个总体回顾性的问题——"入校以来，影响公费师范生教师职业信念形成的因素有哪些？"，其目的一方面是帮助受访者总结影响其职业信念的因素，另一方面是与前面的访谈信息做一个对比印证，增强访谈的有效性（具体详见附录 1：公费师范生教师职业信念访谈提纲）。

（三）访谈调查实施

1. 访谈调查过程

访谈调查过程严格尊重教育访谈的基本要求展开，具体操作如下：

（1）与访谈对象联系：访谈调查之前通过朋友介绍、电话联系等方式与访谈对象取得联系，向他们说明访谈的目的，并且保证绝不泄露个人姓名，争取得到他们的配合。

（2）约定时间和地点：在取得访谈对象的充分信任之后，根据他们的时间来安排访谈的时间，由于疫情的影响，无法进行面对面的访谈，所以研究者通过电话、微信语音聊天等线上的方式进行访谈。

（3）实施访谈：根据准备好的访谈大纲，进行半结构式访谈，并根据访谈对象的实际情况做灵活的处理，让访谈对象感到气氛和谐轻松。

（4）详细记录访谈资料：事先询问访谈对象是否可以进行录音，同意后进行全程录音，并且随时文字记录重要信息。事后，将访谈录音进行整理。

2. 访谈记录整理

将 40 份访谈对象的录音转化为文字，并保持访谈资料的原貌。将访谈资料根据访谈对象分为"初 1"或者"高 1"，"初"和"高"依次表示"初招生"或"高招生"，"1"表示第一个样本，"2"表示第二个样本，以此类推。最后，以内部材料的方式将访谈记录导入 Nvivo11.0 Plus 软件中（见图3-2-1）。

图 3-2-1　原始访谈记录导入图

为检测信度，减少误差，一个半月后，研究者再次使用该软件进行编码，一致性达到了 85% 以上，表示此编码有效。

二、数据收集与分析

本研究以扎根理论为基础，分析公费师范生教师职业信念的现状及形成的影响因素。扎根理论的理论建构方法要求研究者在分析资料之前要摒除头脑中原有的理论体系，在抛开"偏见"的前提下，揭示教师职业信念的现状及影响形成的因素。同样采用典型的三级编码方式：开放式编码—主轴编码—选择性编码对资料进行编码以形成结论。

（一）开放式编码

开放式编码是对原始数据的分解、打散，逐行逐句地对原始数据进行概念化和范畴化的过程。开放编码通常遵循以下过程：资料—贴标签—概念化—范畴化。[①]导入访谈资料后，第一步是在没有理论框架的情况下，自由地对访谈资料进行编码，对于涉及教师职业信念的相关理念和事件一一进行编码。

1. 贴标签

贴标签是将原始数据初步整理导入 Nvivo 质性软件之后，对每一份访谈记录仔细阅读，将访谈内容转变为具有实际意义的词句单位，形成基本概念并设定为节点的过程。贴标签时，需要反复阅读提取出关键信息形成概念，如"毕业后一定会当老师"提取关键信息，形成"一定当老师"的标签。每贴一个标签，即为一个参考点数。贴标签时，有时候从一句话中能提取出多个关键信息形成多个标签，如"一名老师最应该做的事，如果考虑到自己生活条件的因素而动摇教育的观念，我觉得这不是真正的爱教育"，从中可以提取两个关键信息"教师应该爱教育"和"教师应该坚守教育"。每一份样本贴标签的过程实际上就是和研究对象对话的过程，需要多次反复阅读，用心体会研究对象的话语中所传递出来的教育信念。这个过程是一个漫长而又艰辛的过程。一份样本数据往往有几十个标签，笔者选取一份样本数据作为示例呈现其贴标签的过程（详见表 3-2-1）。特别指出的是，贴标签过程，不同样本对象的话语中传递出来的关键信息可能是相

---

① Strauss A L. Qualitative Analysis for social Scientists[M]. New York: Cambridge University Press, 1987: 54-58.

同的，如有 36 个样本都谈到"毕业后一定会去当老师"，其标签都是同一个"一定当老师"。一个标签即是一个自由节点，相同标签只算一个节点，但其参考点数则与该标签数一致，如"一定当老师"该标签只算一个自由节点，但由于 36 个样本都包含了这个信息，因此它的参考点数为 36 个。通过贴标签，40 份访谈样本资料共获得了 544 个自由节点，1 659 个参考点。

表 3-2-1　开放式编码示例

原始资料	开放性编码		
	贴标签	概念化	范畴化
会再次选择公费师范生	会选择公费师范生	入学意愿高	入学意愿
毕业以后一定会去当老师	一定当老师	入职意愿高	入职意愿
而且自己在教育见习和实习过程中慢慢喜欢上了这份工作	慢慢喜欢当老师	喜欢当老师	积极性职业情感
意识到了教师的责任感和使命感	教师是有责任感和使命感的职业	责任感	职业责任认知
做一名好教师是很光荣的事情	当好老师是光荣的	光荣的	职业角色认知
当然愿意去条件比较艰苦、生活不便的学校中教学	不畏环境艰苦，坚定从教	坚定从教	坚守从教意愿
教师这份职业本来就是一份清贫的职业	教师是清贫的职业	清贫	职业特性认知
它面向的是所有受教育者，教师的职责就是教书育人	教师职责是教书育人	教书育人	职业价值认知
克服各种困难，把本职工作做好、做实	尽力做好本职工作	做好本职	职业行为表现
一名老师最应该做的事，如果考虑到自己生活条件的因素而动摇教育的观念，我觉得这不是真正的爱教育	教师应该爱教育	爱教育	职业情感认知
如果考虑到自己生活条件的因素而动摇教育的观念，我觉得这不是真正的爱教育	教师应该坚守教育	坚守教育	职业行为认知

原始资料	开放性编码		
	贴标签	概念化	范畴化
如果考虑到自己生活条件的因素而动摇教育的观念，我觉得这不是真正的爱教育	我会坚守教育	坚定从教	坚守从教意愿
现在很喜欢当老师	喜欢当老师	喜欢当老师	积极性职业情感
自己单独带班，觉得带学生很有责任感	当老师要有责任感	责任感	职业责任认知
入校前觉得教师比较严肃，和学生有距离感	入校前的教师形象：严肃	实习前严肃型教师形象	教师形象
入校前觉得教师知识性很强	入校前教师形象：知识型教师	实习前知识渊博型教师形象	教师形象
入校后发现老师也很风趣、幽默	入校后教师形象：风趣、幽默	实习中幽默型教师形象	教师形象
入校后发现他们也并不是什么都知道，他们都会查资料、相互讨论	入校后教师形象：不断地学习	实习中终身学习型教师形象	教师形象
第一个是敬业，原因是衡量一位好教师的根本标准	敬业是好教师的标准	敬业	职业责任认知
第一个是敬业，原因是教师做好本职工作是法律规定	法律规定做好本职工作	法律规定	法律政策
第二个有爱心，教师这份职业面对的是青少年们，是社会主义事业建设者和接班人，这是一份充满人情味的工作，所以我觉得是有爱心的	未成年的孩子需要教师有爱心	关爱学生	师德
耐心是教师的本职工作，而德育过程又是一个反复的提高过程，所以教师的耐心是必不可少的	复杂的教育需要教师有耐心	耐心	职业责任认知

续表

原始资料	开放性编码		
	贴标签	概念化	范畴化
教书育人是教师的本职工作	教书育人是本职	教书育人	教育目的
最后是有知识，教师知识性强可以交给学生更多的知识	传授更多知识给学生	传授知识	职业角色认知
教师具有渊博的知识	教师有渊博的知识	知识渊博	教师形象
教师把一个学生培养成人，为他以后的发展一定会提供更大的帮助，为他提供更广阔的选择面	培养和发展学生	培养学生	教师价值
从社会层面来说，教师培养得越好，该学生在单位上就能发挥更大的能力，为单位谋取最大的效益	为社会培养人才	培养人才	教师价值
社会层面来说，对于企业和人事单位来说有巨大的经济价值	对用人单位有经济价值	经济价值	教师价值
从国家层面来说，影响中华民族伟大复兴的中国梦的实现	中华民族伟大复兴的中国梦	复兴中国梦	教师价值
我国一直都在为进入共产主义社会而努力，教师工作开展的好坏，直接影响下一代学生的综合素质，影响社会主义事业建设者和接班人的培养	培养社会主义接班人	培养接班人	教师价值
给教师的社会地位打7分吧	7分的社会地位	7分	职业满意度
边工作积累实践经验边进修在职研究生学习	边教边学历进修	进修学历	职业发展规划
家里人考虑到毕业后会分配工作	包分配	工作分配	教育管理机制与政策

续表

原始资料	开放性编码		
	贴标签	概念化	范畴化
对女孩子来说比较好	适合女孩子	女生	性别因素
但是也有注重自己家里的经济情况	家庭经济条件不好	家庭条件	家庭背景
因为自己开始慢慢接触这个行业，觉得自己的性子比较适合教师	性格适合做老师	性格合适	人格特征
而且一师确实是个好学校，在教育理论与教育实践方面的教学都做得比较好	学校教育教学好	教育教学好	校园文化
我们自己学院也很有人情味	学院有人情味	人情味	校园文化
因为我大学六年所学的理论基础就是教育学方向	六年所学的知识	专业知识	课程设置
大四顶岗实习，自己单独带班，感觉又会有所变化	顶岗实习	顶岗实习	实践活动
觉得带学生很有成就感	当老师有成就感	成就感	自我实现
教师保障制度方面比较满意，比如说一些福利等	教师保障制度好	保障制度	教育管理机制与政策
对于个别学校教师住宿问题落实不到位不太满意，因为处理不好个人住宿问题无法展开工作，会影响工作效率	教师住宿问题落实不到位	政策实施问题	教育管理机制与政策
进修制度要完善	完善进修制度	进修制度	教育管理机制与政策
工资方面要落实	提高工资	工资方面	工资待遇
保障制度要全面	落实保障制度	保障制度	教育管理机制与政策

原始资料	开放性编码		
	贴标签	概念化	范畴化
教师在课程中会分享一些教育案例，分享一些先进的教育案例	大学教师的影响	大学教师	欣赏的老师
和同学合作完成学习任务中，通过自己的探索与同学的合作讨论，对教师职业有了深入了解	和同学的合作讨论	身边同学	同学因素
在课程中，借助教育理念分享教育案例，久而久之，这些理念就会深入脑中	教育理念的加深	课程教育理念	课程设置
教育实习影响比较大	教育实习	实习活动	实践活动
在带班过程中，周围同事工作的氛围影响我想要认真工作	周围同事工作的氛围	工作氛围	职业特征
学生的求知欲影响我，想把课上好，想去学习更多的知识	学生的求知欲	求知欲	学生因素
学校的教学比赛影响我，想去钻研更多的先进的教学理念	教学比赛活动的开展	教学比赛活动	实践活动

057

2. 概念化

大部分自由节点具体而分散，需要进一步加强原始概念的聚合，通过反复比较与分析，对同一现象和同一概念的自由节点进行早期合并，不断提升和抽象概念，如"家庭经济条件不好"自由节点提炼为"家庭条件"、"周围同事工作的氛围"提炼为"工作氛围"、"教师有渊博的知识"提炼为"知识渊博"、"会选择公费师范生"提炼为"入学意愿高"、"一定当老师"提炼为"入职意愿高"。同时删除与主题无关的自由节点，最终推断出 134 个概念（编码前缀为 a，详见表 3-2-2）。

3. 范畴化

依据概念化所提取的概念，可能会出现多个概念指代同一现象或者多个概念具有相同的本质属性的现象。为了进一步归类凝练观点，按照相似性原则整合概念，组建更高层次、更具有统整性的树状节点，建立初级范畴（编码前缀为 A），形成了 30 个初级范畴。经过开放编码的贴标签—概念化—范畴化三部曲，最终获得了 544 个自由节点、134 个概念和 30 个初级范畴（详见表 3-2-2）。

表 3-2-2 开放式编码结果一览表

概 念	初级范畴	频 次
入学意愿高 a01、入学意愿低 a28、入学意愿不明确 a46	入学意愿 A01	40
喜欢当老师 a02、无所谓当老师 a29、不喜欢当老师 a47	职业情感 A02	47
爱心 a26、耐心 a27、热心 a48、童心 a93、学识技能 a94、责任感 a115、知行合一 a116	职业责任认知 A03	52
工作乏味 a05、工作稳定 a30、很安逸 a49、很辛苦 a95、教学方式新颖 a96、教学有乐趣 a117、教育无处不在 a119、清贫 a120、时间比较宽松 a128、有意义 a129	职业特性认知 A04	89
教书育人 a31、良心教学 a50、培养青少年 a97、传道授业解惑 a12、培养人才 a35、经济价值 a77、实现家庭期望 a105、实现自我价值 a106、推动社会发展 a126	职业价值认知 A05	140
做好本职 a07、奉献自己的力量 a51、关注学生 a98	职业行为表现 A06	6
坚守教育 a06、年轻教师应该去农村 a70、坚毅的精神 a71	职业行为认知 A07	10
爱教育 a04、成就感 a08、塑造自己的品质 a52、幸福感 a99、职业认同感 a118	职业情感认知 A08	36
实习前关爱学生型教师形象 a32、实习前认真负责型教师形象 a53、实习前伟大公正型教师形象 a54、实习前严肃型教师形象 a55、实习前知识渊博型教师形象 a72、实习后多种角色扮演者 a73、实习后工作不负责型教师形象 a91、实习后具备多种技能型教师形象 a100、实习后平凡辛苦型教师形象 a121、实习后幽默型教师形象 a122、实习后终身学习型教师形象 a130	教师形象 A09	178

概　念	初级范畴	频　次
关爱学生 a09、敬业 a56、为人师表 a74、无私奉献 a101、终身学习 a123	师德 A10	58
法律规定 a10、教师就业有保障 a33、教师薪资待遇不高 a57、教育资金投入不够 a75	法律政策 A11	9
入职意愿高 a03、入职意愿低 a69、短期内入职意愿高 a92	入职意愿 A12	40
坚定从教 a25、不愿坚定从教 a114	坚定从教意愿 A13	40
不是光辉伟大的 a11、传递知识 a34、多重角色 a58、光荣的 a76、社会地位不理想 a102、是伟大的 a103、受人尊重 a124	职业角色认知 A14	47
3 分 a13、4 分 a36、5 分 a59、6 分 a78、7 分 a104、8 分 a125	职业满意度 A15	40
进修学历 a14、改行 a37、没有明确规划 a79、去城市发展 a80、成为优秀教师 a107	职业发展规划 A16	64
专业知识 a38、专业技能 a60、专业对口 a81	课程设置 A17	46
顶岗实习 a15、家教经历 a61、教学比赛活动 a82、支教经历 a83、助教 a109	实践活动 A18	107
教育教学好 a16、人情味 a84、一师情怀 a108	校园文化 A19	23
提高工资 a17、物质保障 a62	工资待遇 A20	75
工作分配 a18、合同要求 a39、学费全免 a63、保障制度 a85、进修制度 a110、政策宣传 a127	教育管理机制与政策 A21	103
尊重程度 a64、社会要求 a87	社会地位 A22	59
小学教师影响 a19、中学教师影响 a40、高中教师影响 a65、大学教师影响 a86	欣赏的老师 A23	40

概　念	初级范畴	频次
身边朋友 a20、同学因素 a66	朋辈群体 A24	18
学生的求知欲 a41、学生家长 a88	学生因素 A25	5
职场单纯 a42、特色学校 a89、大班制 a90、培训机会 a111、考核检查 a112、形式主义 a131	工作环境 A26	38
工作氛围 a21、工作机械 a43、工作内容 a113、假期多 a133	职业特征 A27	43
家人支持 a22、家庭经济条件 a67	家庭背景 A28	55
性格合适 a44、积极心态 a68、自身能力 a132	人格特征 A29	60
个人兴趣 a23、给社会做贡献 a24、实现个人价值 a45、获得职业幸福感 a134	自我实现 A30	103

（二）主轴编码

主轴编码也称轴心编码，是为了寻找初级范畴之间的联系，并抽象概括出主要范畴，建立起主要范畴和初级范畴之间的逻辑关系，从而更好地展示资料之间的有机关联。施特劳斯和科尔宾指出，轴心编码需要现象、条件、背景、行为和互动策略与结果之间的逻辑关系。[1]在开放编码中形成的初级范畴，被抽象为更高层次的范畴类型（即主轴要素），可以包括主范畴和副范畴两类。原先 30 项初始范畴中，如职业责任认知、职业特性认知、职业价值认知、职业行为认知、职业情感认知、教师形象、职业角色认知都是关涉对教师职业的认知，抽象概括为"职业认知"范畴；入学意愿、入职意愿、坚定从教意愿都关涉对教师职业的意愿，抽象概括为"职业意愿"。通过合并相似或相同节点建立二级节点，形成类属关系，获得教师职业信念的 10 个主轴要素（各主副范畴、包含内容、代码和频次

---

[1] Strauss A, Corbin J. 质性研究概论[M]. 台北：巨流图书公司，1997：81-85.

如表 3-2-3 所示）。

表 3-2-3　主轴编码结果一览表

主轴要素	代码	包含内容	频次	主轴要素	代码	包含内容	频次
职业认知	B01	A03、A04、A05、A07、A08、A09、A11、A14	619	自身层面	B06	A28、A29、A30	218
职业意愿	B02	A01、A12、A13	120	师范院校层面	B07	A17、A18、A19	176
职业情感	B03	A02	47	社会层面	B08	A20、A21、A22	237
职业满意度	B04	A15	40	职业特征与工作环境层面	B09	A26、A27	81
职业行为倾向	B05	A06、A16	70	重要他人层面	B10	A23、A24、A25	58
小计			896	小计			770

（三）选择性编码

选择性编也称核心式编码。编码的目的是根据主轴要素之间的相关性寻找相应的核心类属，并将其聚集在一起。根据内部的相关性，形成不同的概念范畴，为最终模型的构建奠定基础。通过核心编码分析发现，教师职业信念主轴编码的十个要素之间存在对应的逻辑关系，如"职业意愿""职业情感"和"职业满意度"都属于"教师职业心理"；"师范院校""重要他人""社会"和"职业特征与工作环境"都属于影响教师职业信念的外在因素，可概括为"外部因素"。进一步聚焦，可以把"教师职业认知""教师职业心理"和"教师职业行为倾向"整合为教师职业信念结构，而"个体因素"和"外部因素"可以整合为教师职业信念的影响因素。经过选择性编码,最终形成两大核心类属五个要素,具体情况如表3-2-4所示。

表 3-2-4　选择性编码结果一览表

要素名称		代码	包含内容	频次
教师职业信念结构	教师职业认知	C01	B01	619
	教师职业心理	C02	B02、B03、B04	207
	教师职业行为倾向	C03	B05	70
影响因素	教师个体因素	C04	B06	218
	外部环境因素	C05	B07、B08、B09、B10	552
小计		—	—	1 666

三、公费师范生教师职业信念的现状分析

(一)公费师范生教师职业信念的总体现状

1. 公费师范生的职业认知走向立体多元化

通过研究发现,公费师范生大多认同作为乡村小学教师的价值,可以为乡村小学生传道授业,通过培养人才帮助乡村家庭实现期待;但也明白作为乡村小学教师工作比较辛苦。对教师形象的认知从入学前扁平化的理想认知转向立体多元化认知。公费师范生实习前认为教师都"关爱学生""认真负责""伟大公正"等,对教师形成了一种扁平单一化的理想形象认知。经历实习后,他们认为教师是多重角色扮演者,教师队伍中呈现出不同类型的教师,既有平凡辛苦型,还有终身学习型教师。历经教育实习实践,通过对一线教师行为的观摩和与他们的交流,公费师范生看到了教师身份的不同方面,对于教师职业认知更加立体化和多元化。

2. 公费师范生职业意愿总体偏高

选择成为公费师范生受到很多因素的影响,到底是出于什么原因选择成为公费师范生呢?通过调查发现,65%的公费师范生是自主选择的,也有25%的公费师范生是受他人影响而无奈选择,另有10%的师范生没有明

确的入学目标，在懵懂中进入了公费师范生行列（详见表 3-2-5）。总体来说，大多数公费师范生出于自主意愿而非受家长等他人影响，说明他们自身对乡村小学教师职业基本认同。根据公费师范生培养协议，他们毕业后应进入乡村小学履约从教。到底公费师范生从教乡村仅仅是出于履约的无奈还是内心真正认同乡村教师职业？他们内心对教师职业的信念会影响他们的入职行为和职业发展。通过调查发现，虽然公费师范生认为乡村小学教师工作比较辛苦，但他们入职乡村小学教师岗位的意愿非常高，达到了90%。即使毕业后去的乡村小学比较艰苦，生活不便，仍有 70%的学生愿意成为这类学校的教师。随着公费师范生政策的推行，公费师范生的培养规模越来越大，他们将是未来乡村队伍的主要后备力量，也是乡村教育发展的希望。在当前很多年轻人用金钱名利等物质来衡量成功的社会里，这些师范生中的大多数能够履约入职、坚守本真，愿意以己之力去服务乡村教育，培养乡村学生，说明他们有良好的契约精神和较为坚定的乡村从教信念（如表 3-2-5 所示）。

表 3-2-5　公费师范生职业意愿参考点统计表

初级范畴	概　念	参考点	百分比
入学意愿 A01	入学意愿高	26	65%
	入学意愿低	10	25%
	入学意愿不明确	4	10%
入职意愿 A12	入职意愿高	36	90%
	入职意愿低	2	5%
	短期内入职意愿高	2	5%
坚定从教意愿 A13	坚定从教	28	70%
	不愿坚定从教	12	30%

3. 公费师范生职业满意度较低

公费师范生虽然处于乡村教师的职前培养阶段，但是他们基于自身教育经历和通过社会舆论及媒介报道，形成了对乡村小学教师职业认知的初步图景。对比自身对职业的期望，他们是否对乡村小学教师职业满意呢？调查中以"如果给当前乡村小学教师的社会地位打分的话，满分为10分，你打几分？（最低分为1分，最高分为10分）"为题，了解他们对该职业的满意度。结果显示，他们对乡村小学教师的职业满意度偏低（M=5.25，理论中值为5.5分，详见表3-2-6），说明他们对当前乡村小学教师职业不满意。访谈中，很多公费师范生表示对乡村小学教师工资收入与工作任务最为不满意，多次提到乡村小学教师"工资太低""工作任务重，根本忙不过来""付出与收入不成正比"等。收入与工作任务的不对等影响了公费师生对教师职业的态度，降低了公费师范生对职业价值的认同。另外，一些家长比较片面的看法和偏激的做法也让他们觉得自身职业没有得到应有的尊重，如访谈对象高20说道："最近发生的一件事情影响了我对教师职业的看法，虽不是亲身经历，但深有同感。就是有的家长就是在无理取闹，不管什么原因，什么事情都是老师的错，不分青红皂白，就是来惹事情的，感觉现在的家长不是很尊重教师了。"从整体上看，公费师范生较低的职业满意度影响了他们对教师职业信念的坚定性。

表3-2-6 公费师范生的教师职业满意度参考点统计

分　值	材料来源	参考点	各项总分值
3分	2	2	6
4分	8	8	32
5分	14	14	70
6分	11	11	66
7分	4	4	28
8分	1	1	8
平均分（各项总分值/总参考点数）			5.25

备注：最低分1分，最高分10分，理论中值为5.5分。

4. 公费师范生职业发展规划整体较差

教师从新手走向成熟离不开科学有效的教师职业生涯规划，考查公费师范生的职业发展规划可以体现出他们的教育信念。研究发现，公费师范生的职业发展规划整体水平较低，其中没有具体规划占比42%，将近一半；而规划成为优秀乡村小学教师占比31%，不足三分之一；想去城市发展和进一步深造进修学历占比22%；另还有5%的公费师范生想改行（详见表3-2-7）。由此可见，立志坚守乡村并成为一名优秀乡村教师的公费师范生并不多。虽然前面的调查结果显示，愿意入乡从教的师范生高达90%，但是他们中很多只是根据公费师范生培养协议履约入职，对自己未来职业的发展缺乏明确规划。部分学生表示在服务期满后希望能够进入城市发展或进修攻读研究生，提升自身学历。从整体来看，公费师范生存在一定的迷茫与离乡倾向。因此，培养公费师范生对乡村小学教师职业的情感，深化他们对这份职业的认同，引导他们规划自身作为乡村小学教师的职业发展应该将是师范院校重点关注的内容。与此同时，在这些师范生入职乡村小学后，从物质、精神和制度等层面关照新入职的公费师范生，让他们在适应乡村小学教师岗位的过程中感受到良好的职业待遇和职业尊重，将有助于激发和培养他们一直坚守乡村教育岗位的热情和意志。

表 3-2-7　公费师范生的教师职业发展规划参考点统计

名　　称	参考点	比例（参考点数/总参考点数）
没有具体规划	27	42%
成为优秀教师	20	31%
去城市发展	9	14%
进修学历	5	8%
改行	3	5%
总计	64	100%

四、公费师范生教师职业信念的差异分析

为了解不同群体公费师范生教师职业信念的差异，笔者对不同群体公费师范生的教育信念进行了差异对比分析。为了统计的方便，对于不同的

数据类型进行了不同的处理。第一，把编码分析中出现的三种职业情感分别赋值：不喜欢当老师赋值为1，无所谓当老师赋值为2，喜欢当老师赋值为3；教师职业满意度采用打分制（以1~10分为计分范围，满分为10分）。两者都采用SPSS23.0进行不同性别的T检验和不同年级的方差分析。第二，由于职业认知和职业行为倾向两个数据是分类变量，因此用Nvivo11.0进行矩阵编码查询。第三，由于职业意愿分为坚定从教意愿、入学意愿、入职意愿三类，也通过Nvivo11.0进行矩阵编码查询。通过三种统计方式，揭示不同年级和不同性别公费师范生群体教师职业信念的差异情况。

（一）不同年级公费师范生教师职业信念的差异分析

1. 职业情感和职业满意度不存在显著年级差异

在SPSS23.0中对职业情感和职业满意度进行方差分析，了解其是否在年级上存在差异。分析结果显示，不同年级公费师范生在职业情感（F=0.368，p>0.05）、职业满意度（F=0.563，p>0.05）维度上不存在显著差异（见表3-2-8）。

表3-2-8   不同年级公费师范生的教师职业情感与满意度的差异分析

分　类	年　级	M	SD	F（方差值）	P
职业情感	大　一	2.67	0.71	0.368	0.776
	大　二	2.63	0.51		
	大　三	2.56	0.53		
	大　四	2.79	0.43		
职业满意度	大　一	5.14	0.98	0.563	0.643
	大　二	5.25	1.59		
	大　三	5.45	1.13		
	大　四	5.47	0.89		

备注："*"表示p<0.05，差异显著，当p>0.05，差异不显著。

2. 职业行为倾向和职业意愿整体随着年级的升高而增加

运用 Nvivo11.0 矩阵编码查询，通过对大一到大四不同年级公费师范生的教师职业认知、职业行为倾向、职业意愿分别进行矩阵编码查询发现：四个年级公费师范生在职业认知维度，平均节点数在 9~9.38 之间（详见表3-2-9），说明他们对教师职业的认知程度大致相当；但在职业行为倾向维度上，大三、大四高于大一、大二（详见表3-2-10），说明高年级的学生比低年级学生表现出更为明显的职业行为倾向。出现这一现象的原因可能是低年级师范生入校不久，以理论知识学习为主，缺乏实践机会；而大三、大四开设了教育见习和教育实习等实践活动，特别是大四学生经历过一个学期的顶岗实习，有了更多具体的教师实践行为，出现了明显的教师职业行为倾向。

表 3-2-9 不同年级公费师范生教师职业认知与行为倾向的差异分析

要　素	大　一		大　二		大　三		大　四		总　计
	n	M	n	M	n	M	n	M	
职业认知	83	9.22	75	9.38	81	9	129	9.21	368
职业行为倾向	10	1.111	8	1	15	1.67	22	1.57	55

备注：n 表示某一年级各维度的节点频次，M 表示某一年级各维度的平
　　　均节点数。

通过对不同年级公费师范生的教师职业意愿分析来看，公费师范生的从教意愿基本随着年级的增加而增长，大三学生坚定从教意愿最高（M=0.89），但大四却有所降低（详见表3-2-10）。出现这一现象的原因是随着师范教育学习的开展，公费师范生逐步融入师范教育学习中，学着成长为一名教师，因此从教意愿逐步加强，但在大四的回乡顶岗实习过程中可能感受到了理想教育与现实的差距，部分学生降低了坚定从教乡村的信念。不同年级公费师范生的入学意愿整体随年级的升高而升高，入学意愿高的均值从 0.56 上升到 0.79（详见表3-2-10）。虽然他们是公费师范生身份，但他们在中考或高考中都是以较为优异的成绩选拔进入师范院校的，而师

范院校的目标也不仅仅是把他们培养成为一名合格的小学教师，而是具有卓越潜质的优秀乡村小学教师。因此，在培养过程中注重综合素质的培养，努力培养成为乡村学校的"多面手"。随着学生年级的升高，学生逐步感受到自身能力的变化，尤其是经历教育实习和顶岗实习后，发现了自身能力在岗位上的优势，得到了实习单位领导和老师的认同，增强了他们对专业和自身的认同，因此在回应如果再给一次专业选择的机会时，他们中大多数仍然会选择这个专业。不同年级公费师范生的入职意愿大致相当且都比较高（详见表3-2-10）。

表 3-2-10　不同年级公费师范生教师职业意愿的差异分析

职业意愿		大 一		大 二		大 三		大 四		总 计
		n	M	n	M	n	M	n	M	
坚定从教意愿	不愿坚定从教	4	0.44	3	0.37	1	0.11	4	0.29	40
	坚定从教	5	0.56	5	0.63	8	0.89	10	0.71	
入学意愿	入学意愿不明确	2	0.22	0	0	0	0	2	0.14	40
	入学意愿低	2	0.22	4	0.50	3	0.33	1	0.07	
	入学意愿高	5	0.56	4	0.50	6	0.67	11	0.79	
入职意愿	短期内入职意愿高	0	0	0	0	2	0.22	0	0	40
	入职意愿低	1	0.11	0	0	0	0	1	0.07	
	入职意愿高	8	0.89	8	1	7	0.79	13	0.93	

备注：n 表示某一年级各维度的节点频次，M 表示某一年级各维度的平均节点数。

（二）不同性别公费师范生教师职业信念的比较分析

1. 职业情感不存在显著性别差异，但职业满意度存在显著性别差异

运用SPSS23.0对不同性别公费师范生的教师职业情感和职业满意度进行独立样本 T 检验，结果显示：公费师范男生和女生在教师职业情感维度上差异不明显（t=-1.223，p>0.05）；但在教师职业满意度维度上存在显著差异（t=-3.213，p<0.01），女生的职业满意度显著高于男生（女生均值

M=5.57；男生均值 M=4.37）（详见表 3-2-11）。说明相对于男生，公费师范女生认为成为乡村小学教师比较符合自身对职业的期待，对教师职业的满意度相对更高一点。出现这一现象的原因可能是乡村小学教师工作稳定、职业竞争压力低于城市学校、工作时间相对较短且灵活，且女性性格更温和更容易让乡村小学生亲近，因此教师这个职业往往被认定为更适合女性。而男性承担着家庭中更大的经济责任，但是乡村小学教师工资待遇并不高，很难达成公费师范男生的心理预期，对乡村小学教师职业的满意度相对更低一点。

表 3-2-11　不同性别公费师范生的教师职业情感与满意度的差异分析

要　素	性　别	N	M	SD	t	P
职业情感	男	10	2.50	0.71	-1.223	0.229
	女	30	2.73	0.45		
职业满意度	男	10	4.37	1.06	-3.213	0.003**
	女	30	5.57	0.97		

注："**"表示 p<0.01，在 0.01 水平（双侧）上显著相关，表示差异非常显著；p>0.05 表示差异不显著。

2. 对教师职业的认知男生比女生更多元和复杂

为进一步了解不同性别公费师范生在职业认知和职业行为倾向是否存在差异，运用 Nvivo11.0 进行矩阵编码查询。结果显示（详见表 3-2-12）：两者的教师职业行为倾向均值大致相当，不存在显著差异，但男生（M=9.7）对教师职业认知的节点数均值高于女生（M=9.03），说明男生对教师职业的认知比女生更丰富、更多元化。在人们的家庭生活意识中，相比于女生，男生往往肩负更多的家庭生活负担，对于教师职业能否满足自己的人生发展方向可能有更多的思考，因而其职业认知呈现更多元与复杂。而对于女生而言，对教师职业的认同相对趋同。可能是因为教师作为女性传统优势行业得到了女生们的认同，因而对教师职业的认知相对简单清晰，女生们对教师职业的认知差异比较小。

表 3-2-12　不同性别公费师范生教师职业认知与行为倾向的差异分析

要　素	性别：男		性别：女		总　计
	n	M	n	M	
职业认知	97	9.7	271	9.03	368
职业行为倾向	12	1.2	43	1.43	55

备注：n 表示某一性别各维度的节点频次，M 表示某一性别各维度的平均节点数。

3. 女生比男生更愿意坚定从教乡村小学

运用 Nvivo11.0 进行矩阵编码查询不同性别公费师范生职业意愿的差异，结果显示（详见表 3-2-13）：不同性别公费师范生在入学意愿和入职意愿上具有差异，但差异不显著，但在坚定从教意愿上女生比男生更坚定（坚定从教均值 $M_男=0.4$；$M_女=0.8$）。一般来说，对职业越满意，坚定从事该职业的信念越高。因此，出现这一现象的原因与女生对教师职业的满意度远高于男生有关。

表 3-2-13　不同性别公费师范生教师职业意愿的差异分析

职业意愿		性别：男		性别：女		总　计
		n	M	n	M	
坚定从教意愿	不愿坚定从教	6	0.60	6	0.20	40
	坚定从教	4	0.40	24	0.80	
入学意愿	入学意愿不明确	1	0.10	3	0.10	40
	入学意愿低	3	0.30	7	0.23	
	入学意愿高	6	0.60	20	0.67	
入职意愿	短期内入职意愿高	0	0.00	2	0.07	40
	入职意愿低	1	0.10	1	0.03	
	入职意愿高	9	0.90	27	0.90	

备注：n 表示某一性别各维度的节点频次，M 表示某一性别各维度的平均节点数。

五、公费师范生教师职业信念形成的影响因素分析

经过三级编码，运用 Nvivo11.0 软件分析 40 份公费师范生访谈资料，得出了影响公费师范生教师职业信念因素包括教师个体和外部环境两大主范畴五个副范畴要素（详见表 3-2-14）。其中教师个体因素即为教师自身层面，占比为 28%；外部环境包括社会层面（31%）、师范院校层面（23%）、职业特征与工作环境层面（10%）和重要他人层面（8%）等四个层面。

表 3-2-14　影响因素参考点数统计

主轴编码		开放编码	材料来源	参考点（百分比）	小　计
主范畴	副范畴				
教师个体因素	自身层	人格特征	31	60（8%）	218（28%）
		自我实现	36	103（13%）	
		家庭背景	34	55（7%）	
外部环境因素	师范院校层	校园文化	16	23（3%）	176（23%）
		课程设置	32	46（6%）	
		实践活动	36	107（14%）	
	社会层	工资待遇	39	75（10%）	237（31%）
		社会地位	36	59（8%）	
		教育管理机制与政策	40	103（13%）	
	教师职业特征与学校工作环境层	学校工作环境	26	38（5%）	81（10%）
		教师职业特征	30	43（5%）	
	重要他人层	求学中的教师	24	40（5%）	58（8%）
		朋辈群体	15	18（2%）	
总　计		—	—	—	770（100%）

（一）教师个体因素

调查显示，影响公费师范生教师职业信念的个体因素依次为自我实现

（13%）、人格特征（8%）和家庭背景（7%）。

1. 自我实现

马斯洛的需求层次理论指出人有生理、安全、归属和爱、尊重和自我实现的需求。自我实现是指个体的各种才能和潜能在适宜的社会环境中得以充分发挥，实现个人理想和抱负的过程，不是单纯的观念运动，而是个体随时随地、点点滴滴地实现个人潜能的过程。自我实现意味着充分地、活跃地、无我地体验生活，全神贯注，忘怀一切，是对人生中最美好的时刻、生活中最幸福的时刻、对自己处于发挥潜能的最佳状态的体验。对于公费师范生而言，自我实现就是在实现了自身的价值的同时还收获了职业的幸福感和成就感。就如访谈对象高2表达说：

> 我觉得我当老师幸福感完全来自在课堂里面跟学生们待在一起的时候，这个幸福跟学校的其他活动，跟比如说参加什么教师工会活动，或者是完成学校什么任务全部无关，只跟我的学生、我的课堂有关！我最幸福的那种感觉，是我所精心设计的一堂课程得到了孩子们非常好的反馈，就让他们对那个课或者对整个语文的学习有一种向往，或者有一种喜欢，那就是我最幸福的时候，实现了自己的价值，被学生们所需要。

于公费师范生而言，自己的教育教学活动能够被学生喜爱和认同，能够促进学生的成长，就是一种莫大的满足和幸福。工作上的成就和师范生内心的满足，激发了他们对乡村小学教师职业的情意，坚定了他们入职乡村学校的信念。

2. 人格特征

信念具有不稳定性，特别是在形成之初，容易受到个体性格和气质等内在心理因素的影响。从与访谈对象交流来看，一些访谈对象的教师职业信念的形成受到了他们自身人格特征的影响。如访谈对象初2谈道：

我是一个比较内向的人，但是和熟人又比较放得开，我觉得作为一名小学教师可能对于我这种不怎么会讲话的人来说，还是比较适合的。另外我内心比较柔软，比较喜欢和小孩子相处。

该对象认为自己遇到陌生人比较内向，但与熟悉的人能够交流顺畅，适合当小学老师。因为每天交流的对象都是比较熟悉，或是朝夕相处的孩子；或是同在一校的同事以及相对固定的学生家长。相较于其他职业，乡村小学教师有着比较简单的人际关系，这种关系在她看来是与她的性格相匹配的。

3. 家庭背景

从调查研究来看，家庭背景中父母的教育理念和家庭经济状况是影响公费师范生职业信念的主要因素。父母是孩子最重要的老师，父母的教育理念影响着孩子对世界的认识。从访谈资料中发现，很多学生选择成为公费师范生都有受到家长思想观念的影响。这些观念并不是志愿填报前才强势植入的，而是在他们长期的学习过程中，家庭中茶余饭后的交谈中无形渗透的。如访谈对象初 10 谈道：

从我很小时候起，我父母经常会说到女孩子当老师是很好的职业。

访谈对象高 6 说道：

父母总是说当老师好，工作稳定而且体面，所以意识中早就对当老师有了一种向往。

受父母这种观念的影响，他们对当老师的认同度比较高，从教信念比较坚定。

另一方面，家庭经济条件也是影响公费师范生教师职业信念的重要因素。如在访谈中高 15 谈道：

因为我生活在普通的家庭中，经济条件不是很好，主要是我家里的姐姐弟弟们也都在读书，需要很大的开销，读公费师范生能减轻家里的负担。

公费师范生基本都是来自农村，大多学生的家庭经济状况一般。考虑到不用家庭负担学费，为减轻家庭负担，选择成为公费师范生。但是他们内心并不是完全真正认同乡村小学教师职业，而是对不富裕家庭状况的无奈妥协。

（二）外部环境因素

调查显示，影响公费师范生教师职业信念的外部环境因素依次为社会（31%）、师范院校（23%）、职业特征与工作环境（10%）和重要他人（8%）。

1. 社会层面

通过调查发现，影响公费师范生教师职业信念中，社会层面根据重要性依次为教育管理机制与政策、工资待遇和社会地位。

（1）教育管理机制与政策。

很多学生选择成为公费师范生是出于国家公费政策和包分配的就业制度以及直接入编教师的编制制度。如访谈对象初 12 说道：

> 主要是因为家庭条件，我觉得学费全免又工作分配而且有编制，工作稳定也比较体面，对家庭对我都是一条比较轻松的路。

免费学习、毕业即就业、就业岗位稳定等这些政策和制度确实有利于坚定很多师范生的从教信念。但也存在部分师范生进入师范院校以后因缺乏足够的激励机制和退出机制失去学习的动力，并没有让自己真正成为一名优秀甚至合格的乡村小学教师。如访谈对象初 6 说道：

> 我们没有就业压力，也没有经济压力，班里有些同学读书不用心，只要不挂科就行，感觉就是混完 6 年等着拿文凭去乡村学校教书。其实他们是有实力学得更好的。

因此，进一步完善教育管理机制和政策，不仅要激发更多学生的报考意愿，还要激活在校公费师范生的学习动力。

（2）工资待遇。

2018 年，《中共中央国务院关于全面深化新时代教师队伍建设改革的意见》指出，要大力提升乡村教师待遇，让教师成为真正让人羡慕的职业。2020 年，教育部等六部门颁布了《关于加强新时代乡村教师队伍建设的意见》，该文件指出要完善乡村教师待遇保障机制，确保平均工资收入水平不低于或高于当地公务员平均工资收入水平。因此，提高乡村小学教师职业吸引力，一方面需要改善乡村教师的教学条件和生活环境，另一方面要大力提高乡村教师的工资收入。从相关文件和政策来看，目前乡村小学教师的工资待遇还有待进一步加强。从 40 份访谈资料可以发现，几乎所有的公费师范生都认为乡村小学教师的工资待遇很低，而且工作量很大，付出和回报不成比例。工资待遇的高低不仅直接影响公费师范生入职乡村小学教师的意愿，而且还会影响他们在师范院校学习的热情，进而影响他们的教师职业信念。

（3）社会地位。

教师的社会地位反映了国家和社会对教师职业的认可程度，教师社会地位的高低对教师职业信念的形成具有重要影响。已有研究表明，中小学教师的职业声望排在第 32 位。[①]教师的社会地位影响公费师范生对教师职业的热情和坚守岗位的意志。访谈对象高 6 说道：

> 乡村小学教师的社会地位并不高，农村的家长大多都觉得，孩子放到学校里面，那孩子学习好不好都是老师的责任。像我那个实习学校的那些家长有什么事就来找我，什么事都怪我。他们家孩子学习不好，说那是你老师没教好。但事实上主要是因为家长在家放任不管。

孩子的教育本应是家校合作共同承担，但乡村的很多家长仍然固守传统的教育观念。当孩子出现学习或行为上的问题时，他们第一时间想到的是把责任推给老师，而不是与教师一起发现问题并协商解决问题。这样的

---

① 李强，刘海洋. 变迁中的职业声望——2009 年北京职业声望调查浅析[J].
学术研究，2009（12）：2.

做法让师范生们觉得教师的职业能力受到了家长的质疑，教师的地位与尊严没有得到应有的重视。

2. 师范院校层面

调查显示，影响公费师范生教师职业信念的师范院校因素中，根据重要性依次为实践活动（14%）、课程设置（6%）和校园文化（3%）。

（1）实践活动。

教育实践活动让公费师范生能够走出高校，走进真实的教育环境和学生课堂，他们不再是以学生的身份，而是以教师的身份进入其中，细心体会、认真观察学生的一言一行，并在实践过程中不断地反思与总结，提升自身的教学技能。调查发现，师范院校开展的各种教学实践活动，如顶岗实习、市内实习、教育见习、三下乡、家教、校辅、托管机构等都对公费师范生教师职业信念产生了直接的影响。通过教育实践活动深化了公费师范生对教师职业的认知，强化了教师职业行为，影响了他们对教师职业的情感和态度。调查显示，大多数的学生通过教育实践活动增强了对教师职业的热爱。如访谈对象高 1 所说的：

在学校的时候参加的很多活动，包括假期家教经历都会影响我。当然影响最大的是顶岗实习，让我觉得当一名老师，很不容易，但这并不会使我灰心，反而让我更加坚定信心去挑战，从而充满斗志。

当然也有少部分公费师范生通过教育实践活动看到了理想与现实的差距，教育实践中的压力和艰辛弱化了他们对教师职业的热情，甚至让他们有了放弃成为乡村小学教师的想法。如访谈对象初 9 说：

经历过顶岗实习后觉得太辛苦了，可想而知毕业后的生活太辛苦，大四顶岗实习已经失望透了，因为顶岗实习后发现林子大了什么样的人都有。顶岗实习改变了我的想法，我不想当老师。

原因是多方面的，但是实习学校对公费师范生的关注和支持，实习指导教师的榜样行为和对他们的关心，会直接影响初为人师的师范生的教师职业信念的形成。

（2）课程设置。

师范院校系统的课程学习和多种教学活动会直接影响公费师范生教师职业信念的形成。在 40 位访谈对象中，其中 32 位公费师范生都认为师范院校所开设的课程及教学过程对自身教师职业信念产生了重要影响。如访谈对象初 4 说道：

> 专业课程，比如说古代文学史、外国文学史、中国现当代文学史，我觉得开拓了我精神方面的认知，打开了我的眼界。教师教育类课程让我知道要成为一名合格的小学教师是需要去学习很多知识的，不仅仅只是说你了解一门学科就够了，而是要尽可能多去了解，甚至可以说是要上知天文、下知地理，才能更好地去引导学生进行学习。这些课程也让我基本了解了小学教学的基本规范和要求，所以师范院校开设的这些课程给我的为师之路奠定了基础。

师范院校开设的专业学科课程或教育类课程甚至通识性的课程，都有助于提高师范生的教师专业知识与专业能力。访谈对象高 3 也说道：

> 我们学校还开设相关的乡村教育课程帮助我们了解乡村学校，培养我们的乡土情怀。其他一些课程尤其是教师教育类课程也常常会结合乡村教育的现状进行教学，这种对乡土文化和乡村教育的人文关怀让我感觉非常好，加深了我们对乡村小学的认知和乡村教师职业的认同感。

可见，师范院校课程的开设与具体教学过程会影响师范生对乡村教师职业的认知与认同。

（3）校园文化。

大学校园是公费师范生的生活环境，其开展的校园活动所蕴含的隐性文化会潜移默化地影响和塑造公费师范生的教师职业信念。大学校园文化，包括学校的校风、学风、班风、办学理念、管理理念等都会陶冶公费师范生的情操，影响公费师范生的心智发展，一定意义上还会影响公费师范生的职业目标。如访谈对象高 3 说道：

> 从培养学校来说，应该要有很深厚的人文关怀。比如我们学校就做得挺好，很多师范生一开始来读书是不太想回家乡学校任教的，但是我们学校持续地向我们传递回乡任教的价值和优势，让我们改变了一开始的想法，树立了入乡从教的决心。

该对象所在的师范院校是湖南省内知名的师范学校，一直以来秉持师范性的办学特色，强化师范生基本功的训练，培养能说会道、能唱会跳、能写会画、能教会研（简称"四能四会"）的综合型教师。同时学校通过开展大量的师范生技能展示平台和比赛、师德与红色文化传承等活动深化师范性特色和乡土情怀的培养，在潜移默化中不断强化公费师范生乡村从教的信念。

3. 职业特征与工作环境层面

调查结果显示，影响公费师范生教师职业信念的职业特征与工作环境因素主要包括教师的职业特征和学校的工作环境。

（1）教师的职业特征。

职业特征具有不可忽视的作用，规定着教师职业的发展方向。[1]访谈中大部分公费师范生也认为乡村教师职业自身的特征，如"工作内容相对简单""工作单纯，不像其他职场中钩心斗角""假期多，有休息的时间可以提升自我"等是他们选择成为乡村小学教师的重要原因之一。当然也有少部分公费师范生提到"乡村小学教师工作容易陷入机械化，引发职业倦怠感"可能会促使他们离开岗位。由此可见，在公费师范生入职后如何激发他们的活力，让他们保持对职业的新鲜感是乡村小学教师培训中需要重点关注的内容。

---

① 刘育峰. 论职教教师的职业属性[J]. 中国职业技术教育，2007（11）：33-35.

（2）学校的工作环境。

学校的工作环境既包括学校内部的工作条件和文化氛围，也包括学校所在乡村社区的生活条件和人文环境。教师的日常教学生活浸润在所处的学校工作环境之中。学校的管理理念与方式、学校社区的文化氛围与生活便利条件等都会直接影响教师工作的积极性和主动性，进而影响教师的职业信念。正如访谈对象高3谈道：

> 像我们乡镇寄宿制学校，大班额教学不管对于教师还是学生的发展都是不好的，如我实习的班有70多人，学生太多了教师不好管理，教学效果也不太好，当老师的成就感也不高。

大班额的教学管理方式降低了教师的职业成就感，将会削弱其坚定从教乡村的信念。

4. 重要他人层面

调查结果显示，影响公费师范生教师职业信念的重要他人因素主要包括欣赏的老师、朋辈群体。

（1）欣赏的老师。

个人心目中的偶像往往会对个体的成长发挥作用，激励个体努力朝某个目标奋斗。调查发现，公费师范生欣赏的教师，包括大学教师（教师教育者）和小学教师，他们的教学行为和教育理念为师范生描摹和构建乡村小学教师职业信念提供了素材和基础原型。40位访谈对象中，有24位公费师范生谈到了他们在求学生涯中遇到的老师影响了他们的职业信念。其中73%的公费师范生认为受大学教师的影响最大，说明教师教育者的教育教学及行为示范对师范生们良好职业信念的形成有着非常重要的价值。如访谈对象初10提道：

> 大学老师在一定程度上加深了我对教师职业的认识。大学教师对所教学科目的热情感染了我，激发了我的学习欲望。有些老师幽默有趣，也吸引着我。我也希望自己的课堂像他们这样热情、有趣。

可见，教师教育者的躬身示范影响了师范生，他们希望能够把教师教育者的一些优点移植到乡村小学的课堂。访谈对象高18说道：

在小学我遇到了一位非常好的老师，照亮了我的小学生活，我也希望自己成为孩子们心中的那一束光。

小学阶段是人一生奠定基础的时期，是个体价值观念和情感形成的关键时期。师范生们在小学阶段遇到的一些良师促使他们沿着所欣赏的老师的道路选择职业和成就发展。

（2）朋辈群体。

大学生脱离家庭开始独立的集体生活，他们需要面对融入朋辈群体并在这种群体生活中实现某种社会需要的问题。对于公费师范生而言，朋辈群体影响他们教师职业信念的形成与转变。如访谈对象高2提道：

实习工作中，有朋友讲到跟孩子的相处很愉快，她们的故事会感染我；她们为了孩子努力提升自己，不断地磨炼教师基本功的行为也让我感动。看到他们这样，我自己也会努力去做，甚至不知不觉中自己也进入那种状态。

公费师范生在朋辈群体中一起探讨教育问题、观摩教育行为、交流教学经验和技能，通过交流，自己或多或少地从朋友身上发展自身的教师职业信念。

六、研究结论

本研究以40位公费师范生为对象，对其教师职业信念现状及影响因素进行了分析。主要结论如下：第一，公费师范生教师职业信念的总体现状在不同维度上呈现的结果不同。具体来说，公费师范生对乡村小学教师职业的认知走向立体和多元化，对乡村小学教师的职业意愿总体上比较高；但对乡村小学教师的职业满意度比较低，缺乏良好的教师职业发展规划。第二，不同年级公费师范生的教师职业信念对比分析发现：他们在职业认知、职业情感、职业满意度维度上不存在显著差异；但在职业行为倾向维度上，大三、大四高于大一、大二，说明高年级的学生比低年级学生表现出更为明显的职业行为倾向。他们的从教意愿基本随着年级的增加而增长，其中大三学生坚定从教意愿最高。第三，不同性别公费师范生的教师职业信念对比分析发现：男女生在对乡村小学教师职业的情感、职业行为倾向、入学意愿和入职意愿上不存在显著差异，但对教师职业的满意度、坚定从教意愿和职业认知上存在显著差异，其中女生的职业满意度显著高于男生（t=-3.213，p<0.01），女生比男生具有更坚定的从教意愿（均值 $M_男$=0.4；$M_女$=0.8）；而男生对教师职业的认知比女生更丰富和多元化。第四，影响公费师范生教师职业信念的因素包括两大因素四个层面十三个基本点，可以用结构图（见图 3-2-1）更清晰地呈现相互之间的逻辑关系。

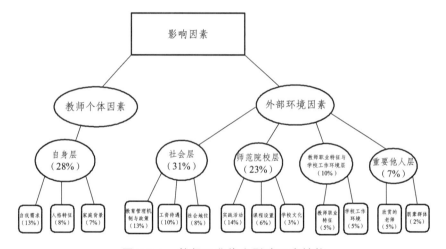

图 3-2-1　教师职业信念影响因素结构

第三节　公费师范生教师职业信念
发展阶段的个案研究

公费师范生作为乡村小学的准教师，对于他们而言良好的教师职业信念是推动其真正能够"下得去""留得住"和"教得好"的内在驱动力。关注公费师范生教师职业信念的培养是深入推进公费师范生培养政策，实现乡村地区优质教师队伍培养的重要和必要之举。教师职业信念一般都会在某种经历或者某个过程中发生不同的变化，公费师范生在师范教育的过程中，其教师职业信念是否会发生变化？会发生怎样的变化？哪些因素会引起教师职业信念的变化？这一系列问题应该得到关注和深入探究。但目前学界对公费师范生教师职业信念的发展轨迹研究很少，因此，课题组选择以典型个案研究的方法，深度剖析公费师范生教师职业信念发展变化的历程，以期能够清晰地呈现公费师范生教师职业信念的发展轨迹及阶段特征。

一、研究设计

（一）研究对象的选取

为保证样本具有更好的代表性，在个案研究中，研究对象的选取是非常重要的。课题组成员大多都是湖南省 D 师范学院小学教育专业的教师和学生，对小学教育专业有一定理解。前文已经介绍过，该学校是当前湖南省培养乡村小学教师规模最大的学校，而小学教育专业是该校的龙头专业，也是最早定向乡村小学培养公费师范生的专业。因此，基于研究目的和方便性原则，本研究从该学校小学教育专业学生中选择样本。经过团队商讨，并与一些小学教育专业学生交流后，我们选择了小梁作为个案研究对象。选择她的理由有三：第一，课题组成员对她比较了解，小梁也善于交谈，访谈时会相对处于一种比较轻松的状态，有利于访谈进行。第二，课题组成员曾在小梁入校时和她有过交流，当时她的从教意愿一般，但是到了大三再次和她交谈时，发现她变得喜欢当老师，跟很多公费师范生的教师职业信念变化相似。第三，信念具有情节保存特征，个人的关键事件和学习经历等情境性活动对教师职业信念的变化产生重要影响。入校以来，小梁一直保持在社交平台发表自己学习体会和实习生活的习惯，这些材料为研究者分析她过去几年的教师职业信念提供了难能可贵的资料。第四，小梁是大四学生，面临毕业，全程完整地体验了师范院校四年的培养，她的教师职业信念变化历程能够反映出大多数公费师范生从入学到毕业时对教师职业认知的心路历程。

（二）访谈提纲的设计

通过阅读大量有关教师职业信念的文献，从公费师范生的入职动机、职业情感、职业认知、职业行为倾向与表现、职业耐挫力、职业满意度、从教意愿和未来职业规划等几个方面设计粗放型访谈提纲（具体详见附录2）。问题多以开放式为主，访谈中再根据个案对象的回答进一步追加问题。

（三）资料的收集

资料收集主要包括两方面：深度访谈和日志等文本资料收集。为了深入了解公费师范生教师职业信念的变化历程，课题组依据访谈提纲对个案对象进行了三次访谈。每次访谈前均告知研究对象本次访谈的目的以及保密协议；每次访谈过程中，均遵循信息最大化原则尽量用开放式问题提问，努力激发个案表达，追问细节和内隐的心理变化，充分尊重个案的观点，并通过录音方式完整保存个案信息；每次访谈后均及时对访谈内容进行整理。与此同时，在征得个案同意的基础上收集个案的微博、朋友圈和 QQ 空间留下的学习与生活日志和实习中撰写的实习日志，通过对这些资料的收集了解她对教师职业认知与情感的变化。

（四）研究的伦理

个案研究中研究者与被研究者之间的关系也会对研究产生一定的影响，好的伦理会对研究产生有利的影响，使研究进行得更顺利，反之会阻碍研究的进行。此项个案研究中课题组遵循教育伦理原则，充分尊重个案，主要表现在：

第一，遵循自愿参与原则。对个案进行研究前说明课题研究的目的和调查的内容，争取得到个案最大的理解。

第二，遵循尊重隐私原则。在研究文本中没有出现受访者的真实姓名或者受访者提到的人名，真实姓名均采用化名等匿名形式。收集和使用资料前，都已征得受访者的同意。

第三，遵循公平客观原则。在与研究对象进行访谈时，研究者在整个过程中客观地对待个案陈述的观点，尽量客观地使用个案的原始话语。所有资料整理后交由个案阅读认可后才作为资料进行分析。

二、公费师范生教师职业信念的发展轨迹

国外有学者（1992）研究发现当人的新旧观念冲突，并满足：（1）对现有信念的不满；（2）新信念的可理解性（intelligibility）；（3）新信念的合理性（plausibility）；（4）新信念的有效性（fruitfulness）这四个条件时，会对原有的信念进行转变。[1]本研究发现个案的教师职业信念从大一到实习后是有明显变化的。通过对个案的入职动机、职业情感、职业认知、职业行为倾向与表现等多个维度的整体分析发现，她的教师职业信念经历五个发展阶段且呈螺旋上升趋势，大学第一学年和第三学年属于过渡期，大学第二学年和大四实习是教师职业信念改变的关键时期。

（一）职业信念模糊期

1. 入学意愿：听从大人安排入学

入校前，小梁选择小学教育专业，仅仅是考虑高考分数，并不了解小学教育及其相关内容，入职动机不高，是在老师和家人的期望和建议下选择了小学教育专业。小梁说道：

> 因为当时高考的分数才比一本线高一两分，还不太了解小学教育专业，是在填志愿的书上看到的，自己先去查了一下，身边的人都不

---

[1] Strike K. A., Posner G. J. A revisionist theory of conceptual change[A]. In R. A. Duschl & R. J. Hamilton (eds.). Philosophy of Science, Cognitive Psychology, and Educational Theory and Practice[C]. Baffalo: State University of New York Press. 1992: 343-350.

知道有公费师范生这种政策，一开始不是很想去，但是跟家里人说了之后，家里人和老师都认为这份工作比较稳定而且有编制，我后来就同意了。

她还说道：

当时选专业的时候第一次听说小学教育专业，这有点不像一个专业，因为专业一般都是比如说数学、英语那种专业，但小学教育从来没有听说过。从字面意思想象这个专业可能学不到什么知识，我觉得小学教育学的是一些关于小学的东西，我就不想去学，也没想过深入地了解小学教育这个专业，对它的认识是空白的，不知道它是干什么的。

胡晓玉（2010）也曾做过调查发现，有部分公费师范生选择报考公费师范生的时候并没有认真了解公费师范生教育政策就盲目报考，还有些人认为这是一种可以直接就业于教育行业的途径。[1]而听从长辈安排的入学意愿在一定程度上阻碍了公费师范生对相关政策的了解，也给师范院校培养师范生的职业情感和从教信念提出了挑战。

2. 职业情感：不喜欢当老师

教师职业情感是构建良好教育教学行为的内驱动力，也是教师自我提高、自我督促、自我反思的动力。[2]当谈到教师职业情感时，小梁说道：

我当时想的是以后不想当老师，觉得老师是一个非常枯燥的职业。比如说一直在小学任教，每天面对的都是这些学生，教着自己非常熟悉的内容，没有什么新鲜感。

每天面对相同的人，年复一年做着相似的工作，让小梁觉得教师这份

---

① 胡晓玉. 公费师范生职业信念的影响因素调查与分析[D]. 重庆：西南大学，2010：13-26.

② 舒亚玲. 谈教师职业情感培养的问题及对策[J]. 教育与职业，2006（26）：49-51.

职业是非常枯燥的。对于小梁来说，缺乏挑战性和新鲜感的工作是难以激起她对这份职业的向往和喜爱。

3. 职业认知：比较模糊

当问及"踏入大学校园之前，在你心目中小学老师是一个什么样的形象？"时，小梁思索了一会儿，回应道：

> 在入校前，我的脑海中很少浮现出自己读小学时遇到的小学老师的形象，只记得妹妹学校里面的小学老师一般都是女教师。

虽然小梁选择成为公费师范生，日后也将成为一名乡村小学教师，但她在进入师范院校之前，对乡村小学教师的形象认知是模糊的，缺乏具体概念，仅仅停留在如性别这样的外表认知上，缺乏对教师职业形象完整的认知，更缺乏对教师职业特征的深入了解。

4. 职业行为倾向与表现：远离老师身份

在入校前小梁一直是以学生的身份学习和生活，"我是一名学生"的信念深入内心。

> 入校前更多的是一个学生角色，那时候别人称呼自己为老师甚至都不太习惯。

因此，即使曾在高中假期辅导过邻居家孩子的学习，当邻居要求孩子称呼她为"小梁老师"时，她感到不习惯。

> 我更希望邻居直接呼我名字，也可以让那个孩子叫我姐姐。

虽然小梁在一定程度上承担了教书育人的教师职责，但她对教师这一身份缺乏代入感，并不希望被人看作教师。

总体来看，入校前小梁处于教师职业信念模糊期，职业信念还未成型。她既不喜欢也不绝对地厌恶成为一名公费师范生，只是接受父母的建议选择了小学教育专业；对即将成为的乡村小学教师形象认知及专业特征非常模糊，对教师身份缺乏代入感，即使承担了教师的部分职责但不希望被看作教师。

（二）职业信念树立初期

入校以后随着专业学习的展开，经过大一学年的学习后，小梁的教师职业信念发生了一定的变化，逐步开始建立起较为清晰的教师职业信念。

1. 入职意愿：认同专业，不抗拒当老师

小梁入校后，经过学校和专任教师对小学教育专业的介绍，她基本了解了小学教育专业的培养目标和课程开设，也经常与同伴交流对专业的认知，为他们教师职业信念的树立奠定了基础。

> 自从上了大学以来，我特别喜欢跟我的朋友和弟弟妹妹们聊自己的所见所闻和所感，尤其是自己从生活中感悟的道理。在聊天的过程，我发现自己比较善于交谈，容易打动别人，感觉这种能力是做老师很重要的能力。经过一段时间的学习后，我开始了解小学教育这个专业了，觉得还挺适合我。

通过交流和学习，小梁不仅了解了所学的专业和未来的就业岗位，而且逐步发现了自己成为乡村小学教师的个人优势，认为小学教育专业是自己喜欢的，成为一名乡村小学教师是合适自己的。

2. 职业情感：喜欢师范专业课程

随着对小学教育专业的熟悉和了解不断加深，小梁对小学教育专业的喜爱程度逐步增加。

> 上了大学之后我就发现我们学校有一个专门培养小学教师的方案，我们所学的师范教育课程里既有通识性的公共必修和专业必修课，还有分模块的选修课。前者可以把我们培养成"大文"或"大理"方向的专任教师，后者则可以依据我们自己的兴趣选择，如美术老师或音乐老师，等等。这样的设计让我很期待后面课程的学习。

经过第一学年的学习后，小梁比较清晰地了解小学教育专业的培养方案，非常认同专业所开设的多种教师教育类课程，并对后面学期将要开设的课程充满期待。由于对课程开设方案的认同，小梁开始喜欢学习师范专业的课程。

3. 职业认知：开始明晰化

基于对小学教育专业培养方案的了解，小梁比较清晰地认知到作为一名乡村小学教师不仅要能胜任一门课程，而且要能任教多门课程，需要具有较为丰富的知识储备，但对教师职业的特点和要求，如向师性、以儿童心理年龄特征为教育基础等内容的了解并不深入。因此，该阶段小梁对教师职业才刚刚开始有了一些比较清晰的认识，需在后面的学习中进一步大力加强。

4. 职业行为倾向与表现：以知识学习为主

大一学年，学校组织学生每天早读和晚自习。因此，和大多数的同学一样，小梁的学习和生活主要还是教室、寝室两点一线，上课、阅读和完成课后作业是小梁每天主要的任务。"知识上学高为师"成为小梁的座右铭。

当时就想，在乡村学校要教多门课程，在这些课程上我的知识肯定要很丰富，才能回答小学生提出的问题。

为了让自己的知识更丰富，能应对小学生提出的各种问题，小梁努力学习，深化自身的知识结构体系。

整体来说，第一学年，小梁的教师职业信念开始逐步建立。表现为：入职动机从被动接受安排到逐步主动适应认同；职业情感从开始的不喜欢逐步转变为喜欢；对教师职业的认知逐步丰富并开始明晰化，但对教师职业特点与要求的认识程度以及职业角色方面还待进一步发展和提升；职业行为倾向仍以知识学习为主，努力成为"学高"之师。

（三）职业信念初步理论化时期

大二学年，随着开设教师教育类专业课程，如儿童发展与教育心理学、小学教育学等，以及参加学校教育见习和微格教学等教育实训活动，小梁对儿童心理和发展特征有了较深的了解，也基本掌握了小学教育教学工作的基本特点，并开始以教师的角色展开教学设计，组织模拟教学，甚至深入一线小学观摩和参与小学教师的教学，小梁的教师职业信念进入一个新的阶段。

1. 入职动机：开始期待成为教师

教师教育类课程的开设和教育实训活动的展开促使小梁认识到了小学教育专业的魅力，也激起了她内心要成为教师的渴望。

> 主要还是所学课程改变了我，最明显的应该是大二时候的小学语文教学设计，因为那是第一次正式走上讲台试讲，也是从那个时候开始认识到这个专业的魅力，在讲台上畅所欲言的感觉很棒，这让我开始有了未来要成为教师的意愿。

小梁对成为乡村小学教师的意愿从"教师职业适合自己"走向"渴望成为教师"。

2. *职业情感：初为人师的幸福感*

大二学年，学校安排了校外辅导和教育见习，让师范生真实地接触小学生和小学教育教学工作，在这种接触中逐步培养了他们对小学教师的情感。

> 第一次以小学教育专业师范生的身份去接触他们，那个时候应该是去当校外辅导员。还有一次一周的见习，那个时候能够感受到他们那种小学教师的一种生活状态，也能够感受到校园的那种活泼和氛围。你能够看到小学生在玩耍，或者在井盖上画好看的画，觉得当小学老师很幸福。

小梁通过参与小学教育教学工作，观察小学生的学习活动，体验小学校园的活泼氛围，激发了她开始享受作为一名小学教师的乐趣和幸福。

3. 职业认知：基本理解和认同教师职业特征

随着大二学年一系列教师教育类专业课程的开设，小梁对小学教师职业的认知越来越丰富、也越来越清晰。

我一直牢记教育学课程中老师说过的一些理念"教育应该是用一棵树去摇动另一棵树""要把学生培养成为一个全面发展的人"，这是教育最美好的状态。从大二试讲的时候，我们在一个小组试讲，那时我就能发现大家的风格都不一样，有的人上课比较严肃谨慎，有的人上课比较活泼。我自己试讲了之后发现自己的风格属于比较活泼的。结合自己的经验与同学老师的评价，我觉得自己的风格是比较适合小学生的。但深入的专业学习让我清楚了一堂真正的好课应该是怎样的，也进一步发现了自己教学能力的不足。听了很多示范课，明白自己和优秀老师之间还存在很大的差距。我希望通过自己的努力，能成为一名优秀老师。于是我开始向老师求助、向同学学习、向优秀的老师靠拢。

小梁通过专业课程的学习、试讲、听示范课等多种途径丰富了教育理论的认知，也发现了自身的不足，看到了自己与优秀老师之间的差距，让她对小学教师职业特征有了更清晰的认识，并努力向他人学习以缩短差距。

4. 职业行为倾向与表现：以师范生角色为主体，努力提升师范生技能

大二学年，小梁开始从一名普通"大学生"的身份转换成为"师范生"，努力学习如何成长为一名小学老师。小学的见习活动让她初次在小学班级以教师的身份开展一些教育观摩与交流活动，有了教师角色的体验。

见习期间更多的是单纯地带着眼睛、耳朵去学习的，自我定位是一个去学习知识和经验的师范生，潜意识里有一点老师的角色在里面，但代入感还不算强。

虽然小梁还不是一位教师，但也不再是单纯学习知识的学生，而是为了成为一名教师而学习的师范生。在此期间，小梁也有意识地不断加强自己

"三笔一画"、普通话和微格教学等教师基本技能和教学能力的练习。

> 我从大二的时候开始决心要练字，每天都坚持练字。我们那的方言和普通话差别较大，我的普通话原本也讲得很差，所以每天都会多学一下普通话。小学教师的简笔画也很重要，我也一直练习。另外，练字和阅读这两个习惯我从大二开始一直坚持到现在。这些努力让我受益匪浅。

整体来说，大二学年小梁处于职业信念的初步理论化时期。具体表现为：开始对小学教育专业和乡村小学教师职业特征有了较为全面深入的认知；通过一些教育实训活动感悟到了作为教师的幸福感，开始树立起成为一名乡村小学教师的职业意愿，也激发了她努力提升自身师范技能的热情。

（四）职业信念深化期

为突出专业的个性化与特色化，小梁大三学年学习了很多的教师教育类课程。鉴于小学教育专业综合人才培养的需求，小梁在大三学年不仅学了一些通识性的教师教育类课程，如课程与教学论、教育研究方法、中外教育史、教育哲学等；还学了学科教学类课程，如小学语文教学设计、小学语文课程标准与教材研究、小学数学课程与教学论、小学道德与法治课程与教学论、小学美术教学论等。这些课程的开设和相应教育实践活动的开展让小梁的教师职业信念进入深化阶段。其中她的入职动机仍然和大二学年一样，还是想成为一名小学教师，而在职业情感、职业认知和职业行为倾向上发生了一定的变化。

1. 职业情感：强烈的满足感

大三学年小梁经历了长达一个半月的市内教育实习，在与孩子们近一个多月的接触和交流中，小梁喜欢与孩子们交往，和孩子们建立起了融洽的师生关系，离开的时候更是体验到了孩子们对她的依恋和不舍，这种融洽的师生关系让她感到很满足，幸福感充满了她的内心。

市内实习时天天接触小朋友，作为一名实习教师，在孩子们眼中我们像新朋友，在我眼里他们也更像自己的朋友。虽然正式上课不多，但跟孩子们的交流非常多，感觉很幸福。孩子们很喜欢我，离开的时候孩子们都哭了，舍不得我走，心理有满满的作为教师的幸福感。

2. 职业认知：明确教师职业要求，明晰自身差距

通过三年的师范教育，小梁对教学的认知更为清晰，对于小学教育内容、教育手段和教育方法有了更深入的了解。

最主要的原因还是对小学教师的认知更清楚了，接受了三年师范教育，大概明白了应该做一个怎样的小学老师，在教学方面也逐渐趋于成熟，逐渐知道应该教什么，怎样教。

师范院校的教师教育者在任教课程中所传授的理念为小梁教育理念的构建奠定了扎实的基础。

如教语文课程标准的廖老师，她上的每一堂课都会对我的思想产生冲击，而且给我以后的教学实践提供了非常宝贵的借鉴，比如说有一堂课，她在大夏天给我们讲有关夏天的小品文，很应景，那种文章里的氛围一下就出来了，当时我有一种奇妙的感觉，突然明白以后我自己也可以这样更生活化地把知识教给孩子们。

同时，通过课程的学习和实训活动，小梁也深刻地意识到上好一节小学的课并不是一件容易的事情。

我在长沙实习的时候就感受到了，那个时候一两节课就要花好多天的时间去查资料备课，上一节课实在不简单，知识要过硬，方法要得当，还要避免受其他一些因素的影响。

小梁在市内实习期间为了上好一堂课往往需要花费大量的时间去备课和查找资料。在那个时候她比之前任何时期都更体会到"书到用时方恨少"，总感觉自己的知识和能力存在很大的欠缺。

第一次上课，站在孩子们的面前，觉得教师是能传授很多知识给学生的，但是面对整体素质都很高的学生，对于自己的才疏学浅感到很惭愧，觉得教师自己要懂得很多知识，才能教好学生。

3. 职业行为倾向与表现：经历教师角色转换，提升教师基本功

小梁对小学教师职业认知的加深也促使她进一步深化自身的教师专业素养。

为提高自己的能力，我参加了很多与小学教师有关的活动，如校外辅导员、托管老师和家教，还参加了各类比赛，如教师主题的演讲比赛、教师技能竞赛等。

这些活动的参与不仅提升了小梁的教师专业能力，也锻炼了她上台的胆量。市内实习让小梁经历了教师角色的转换，真正体验到了小学教师的生活。

市内实习让我真正体验了小学老师的角色，有和学生一起搭台唱戏的感觉，感觉很融洽，但总感觉差点什么，可能是时间太短，刚适应做老师实习就结束了，又回到了学生角色。

但是由于受时间限制，同时也受到实习学校和指导教师的约束和保护，小梁对小学教师的全部生活和工作理解和实践还不够。

整体来说，大三学年是小梁教师职业信念的深化期。虽然保持与上一阶段同样的入职动机，但在市内实习过程中体验到了满满的作为教师的幸福感。通过课程的深入学习和实训活动的开展，不仅明确了小学教师的职业要求，而且一直努力不断深化自身教师基本功。在实习中经历了从师范生到小学教师的角色转化，实习中既展示了自身的教师专业素养，也明确了与优秀教师的差距，为确定下一步的学习方向指明了道路。

（五）职业信念整合期

1. 入职动机：坚定入职乡村小学教师

小梁历经四年的学习，期间进行了为期半年的顶岗实习，当问到她如

果还有一次选择的机会，她是否还会选择小学教育专业时，她坚定地回应道：

当然。四年的学习生活我很充实，小学教师这个身份给我带来很多的满足感，我们学校对我自身发展有很大帮助。

小梁所在的湖南 D 师范院校无论是课程设置还是环境氛围，或是教师教育者，都激发了她对乡村小学教师职业的热爱。她的师范学习历程让她有了比较坚定的从教意愿，成为一名优秀的小学教师不再是她的被动选择，而是她自己主观意愿的强烈反映。

2. 职业情感：乐在其中

由于小梁在师范院校学习过程中既充实又有美好的体验，因此她在这个阶段已经非常喜欢教师这一身份。尤其是顶岗实习时有一个完整学期与乡村小学生相处，以一名全职教师的身份开展乡村小学的教育教学工作，让她乐在其中。

顶岗实习期间，我完完全全是一名全职的乡村小学教师，完整地体验了当老师的所有过程。这种感觉很奇妙，我发现自己很想以后成为小学教师，做这样的工作。这份工作给我带来了很多的乐趣。

顶岗实习让小梁真正喜欢上了乡村小学教师这份职业，热爱乡村的孩子，坚定了她从教乡村小学的信念。

3. 职业认知：在行动中深化职业理念

小梁在前面三年的学习中形成了良好的小学教育理念，并在顶岗实习的过程中不断地践行。通过自身的实际行动，进一步深化并完善了自己对乡村小学教师职业的理解。

我认为作为乡村小学教师，不仅要把知识传授给学生，把课上好，还要引导学生阅读，培养学生的阅读习惯。

自进入师范院校以来，小梁在教师的引导下阅读了大量的书籍，养成了每日阅读的习惯，并从中受益匪浅，因此她坚信"腹有诗书气自华"并在顶岗实习中注重对学生阅读习惯的培养。她以自身的行动引领学生的行为，做好学生的榜样和示范。

> 我的行为对我们班学生有很大的引导性，真的体会到了学生的行为深受老师的影响这一点。

在面对师生关系问题上，大三的市内实习中小梁把良好的师生关系理解为"融洽"，而大四顶岗实习中，她认为良好的师生关系应该"有边界，教师有威信"。

> 应该把握好当老师的分寸。我觉得作为一名老师，必须要有威信才能扮演好老师的角色，与我一起在实习学校实习的同学没有很好地定位，结果造成了整个班级毫无秩序、松散的局面。教师的威信，一方面是威，一方面是信。威是威严，信是信任。这就要求老师对一些事情的处理，要坚定地体现自己的原则，说到做到，学生才会相信你。平时还要增加和他们相处的时间，真正去关注他们、关心他们，他们体会到你对他们的关心才会信任你。现在很多老师都只做到了"威"，但其实"信"也很重要，我觉得威信两字结合起来效果才好。

可见，随着教育实践的深入，小梁关于良好师生关系的理解进一步加深。当然，在顶岗实习过程中，也出现了自身教育理念与现实的矛盾。

> 师范学习强调重视学生的全面发展，但是实习学校不太重视学生能力和关心学生情感，很多老师和家长都只看重成绩和分数，这曾经让我很矛盾。但是随着与学生的交往，我越来越坚信学生的全面发展更重要。我尽我所能去帮助学生发展她们的优势和特长，去发现他们的闪光点。

面临理想与实践的冲突，小梁仍然选择坚定自己所学的教育理念，用先进的教育理念来引领学生的发展。

4. 职业行为倾向与表现：践行正式教师的角色，深化教师专业能力

顶岗实习要求实习生能够顶替正式教师开展工作，这样的身份让小梁能够全面了解和开展乡村小学的各项工作。小梁努力践行着正式教师的角色，勇于担当学校安排的各项教育教学事务，并不断地深化自己的专业能力。

进入顶岗实习学校之后能完全感受到自己是一名教师，不仅要任教多门课程，还要担任班主任工作和学校的一些行政管理工作，如学生安保工作和食堂就餐管理等。与大三的市内实习不同，我不是协助指导老师完成某些任务的实习老师，而是跟学校的正式老师一样被同等要求和对待。我完全沉入学校的各项工作中，对乡村小学的工作有了全面的了解和介入。

顶岗半年，我特别喜欢去听别的老师的课。中心校组织的听课和评课，只要有时间我每次都去，不管是哪个学科的我都去听，还有很多提高自己教学能力的方法我也正在探索。

小梁深知作为一名乡村小学教师，应该是教学多面手，能够担当多门课程的教学，实习中她通过听评不同学科的课努力深化自身的专业能力，并摸索出更多提高自己教学能力的方法，努力朝着尽快成长为一名优秀乡村小学教师的目标努力。

整体来说，大四学年经历顶岗实习后，小梁的教师职业信念进入整合期。有学者曾指出，实习期能够进一步巩固师范生献身教育事业的职业理想，加深在大学校园里学的理论知识，还能提前适应教师角色，为未来的教学工作奠定基础。有了顶岗实习的洗礼，小梁入职乡村小学教师的信念变得坚定；她非常喜欢并享受当乡村小学教师的感觉，在实习中以正式教师的身份不断践行自身所学的教育理念，并进一步深化自身教师职业理念。

（六）总结：公费师范生教师职业信念的发展轨迹与特征

通过对小梁个案的深入分析发现：随着学习年级的增加，公费师范生通过与所处情境的互动，不断发展其教师职业信念。借鉴小梁个案以管窥

豹，在整个师范教育阶段，一名乡村小学职前教师的教师职业信念发展将经历模糊期—树立初期—理论化时期—深化期—整合期五个阶段。每个阶段在入职动机、职业情感、职业认知和职业行为倾向与表现方面具有不同的特征（详见表 3-3-1）。

表 3-3-1　公费师范生教师职业信念的发展轨迹与特征

维　度	入校前：模糊期	大一学年：树立初期	大二学年：理论化时期	大三学年：深化期	大四学年：整合期
入职动机	听从大人安排入学	认同专业，不抗拒当老师	开始期待成为教师	期待成为教师	坚定入职乡村小学教师
职业情感	不喜欢当老师	喜欢师范专业课程	初为人师的幸福感	强烈的满足感	乐在其中
职业认知	比较模糊	开始明晰化	基本理解和认同教师职业特征	明确教师职业要求，明晰自身差距	在行动中深化职业理念
职业行为倾向与表现	远离老师身份	以知识学习为主	以师范生角色为主体，努力提升师范生技能	经历教师角色转换，提升教师基本功	践行正式教师的角色，深化教师专业能力

097

三、公费师范生教师职业信念发展的影响因素

上文分析了公费师范生教师职业信念发展变化的轨迹，进一步基于访谈资料的分析发现，影响小梁教师职业信念形成和变化的因素主要有公费师范生个体因素和外界环境因素两大方面。

（一）公费师范生个体因素

从访谈资料的分析来看，影响小梁教师职业信念变化的个体因素主要有自身性格和心态、自身发展需要的满足感和自主阅读。

1. 自身性格和心态

个体对待事情的态度、对某些内容的直觉会受到个体性格影响。无论

在学习还是实习工作中，当面临压力时，小梁会主动想一些让自己放松的方法来缓解。

> 我是比较乐观主动的人，会主动去寻找缓解压力的方法，如睡觉听歌、和朋友聊天等。放松过后会立马制定计划行动起来解决问题，最终消除压力。

当面对问题的时候，小梁不是逃避而是勇于面对并努力解决，她的乐观性格和面对压力时的积极心态增强了她的职业耐挫力，有助于她教师职业信念的稳定。因此，拥有乐观心态和主动态度的教师，更能从容面对教师职业中的困境，减少内心对乡村小学教师岗位的动摇，有利于坚定从教的决心。

2. 自身发展需要的满足感

个体选择从事某一种职业时，不仅仅是出于取得劳动报酬或被他人尊重的需要，往往还会考虑从该职业中能够得到进一步的发展，即马斯洛所说的自我实现的需要。在入校前小梁认为小学教育专业是一个很枯燥的专业，并表示不会当老师，但是入校后刷新了他原来对教师职业的认知。

> 要成为一个优秀的乡村小学老师，需要全面地发展和学习，要多方面锻炼，如普通话、板书、硬笔字、教姿教态，甚至还有演讲能力。通过这样的学习和锻炼，我能让自己变得更好。

小梁认为当乡村小学教师能促使她全面学习和锻炼，满足自身发展的需要，成长为一个更为优秀的人。可见，乡村小学教师职业能够符合小梁自身的发展需求，有助于坚定她的入职动机和培养对教师职业的情感。很多乡村小学教师也说道，自己坚守乡村教师岗位的一个重要驱动力就是在教师岗位上实现了自身的价值，为党和国家培育了一批又一批的乡村儿童，为他们日后的发展奠定了良好的基础。

3. 自主阅读

阅读是一种很好的自主学习方式。自进入师范院校以来，小梁喜欢阅读并受益匪浅，影响着她的教师职业信念。

> 自大学以来，我读了很多书，明白了阅读对自己的重要性，也从阅读中学到了很多东西，对我的三观产生了很重要的影响。我要当一个教学能力强的小学教师，不仅把课上好，还要成为教学生阅读，培养学生阅读习惯的老师。

由此可见，小梁的自主阅读，加深了她对小学教师形象的认知，让她立志不仅要成为知识渊博的"经师"，还要成为学生良好行为习惯和情感培养的"人师"。

（二）外界环境因素

从对访谈资料的分析来看，影响小梁教师职业信念变化的外界环境因素主要是师范院校课程与教育实践、成长中的重要他人和教育实践社群。

1. 师范院校课程与教育实践

有研究表明，当公费师范生对课程学习足够重视，积极表现，认真配合老师上课，通过接受老师的指导改进教学技能，在课堂上能进行很好的教学，就会提升师范生自身从事教师工作的自信。[1]师范院校专业课程的开设对师范生早期职业信念的形成起着重要作用，系统化、理论化的专业知识，无形地对师范生产生着深远且持久的影响。

> 学校所开设的课程，如小学班级管理、小学语文课程标准与教学论等，是对我教学生涯认知的启蒙，在我对小学教育工作几乎一所无知的状态下让我明白作为小学教师应该做什么、怎么做和为什么。而实习印证了课程中教师传递给我们的教育理念，深化了我对小学教师工作的认知，进而影响了我的教师职业行为。

---

① 向金梅. 公费师范生的教育信念调查研究[D]. 长春：东北师范大学，2013：35-43.

099

师范院校开设的学科类课程深化了小梁的学科知识基础，而教师教育类课程构建了她对小学教育工作的理解，让她明白了作为一名小学教师的职业要求，形成了她的教师职业理念。

教育教学实践活动是检验公费师范生对所学专业知识是否认同的一种途径。情境认知理论认为个人通过活动建构他们的意义、身份及信念，通过合法边缘的方式进行学习。①如果公费师范生在教育教学实践活动中对某些观念认同的话，他们就容易在不知不觉中去借鉴、发展和用行为呈现那种观念。

> 我参加了很多与小学教师有关的活动，如校外辅导员、托管老师和家教，还参加了各类比赛，如教师主题的演讲比赛、教师技能竞赛等，在这些活动中我感受到小学的氛围和当老师的幸福感，也从很多老师身上看到了榜样和示范，这些活动改变了我对教师职业的认知，还对我的三观产生了影响。

小梁在校期间，参加了诸如实习、见习、教师演讲比赛、教师技能竞赛和实习学校公开课等多样的教育实践活动。在真实的实践活动中，公费师范生获得对教学的理解，在实践反思的基础上经历认知冲突导致师范生信念的改变。②小梁经历的这些实践活动改变了她对教师职业的认知，影响了她的教师职业信念。

2. 成长中的重要他人

人类是天生的社会性动物。个体总是需要生活在群体之中，因此时刻处在群体中他人的影响过程当中。心理学研究表明，在个体社会化以及心理人格形成的过程中，总会受到一些具体人物的重要影响，成为个体成长

---

① Cobb P, Bowers J. Cognitive and Situated Learning Perspectives in Theory and Practice[J]. Educational Researcher, 1999,(2): 4-15.

② Tillema H H. Belief change towards self-directed learning in student teachers: immersion in practice or reflection on action[J]. Teaching and Teacher Education 2000, 16(5): 575-591.

中的重要他人。小梁成长历程中的重要他人对她的教师职业信念产生了一定的影响，其中有中小学教师，也有师范院校的教师教育者。

> 高中的班主任经常跟我们分享她看到的一些有教育意义的故事，和我们一起交流故事中隐含的思想观念或者为人处世态度，真的对我人生观的形成影响很大，我很感谢她引导我心灵的成长。我也希望自己以后成为像她这样的教师，照亮孩子们前进的道路。教小学语文课程标准的廖老师，她上的每一堂课都对我的思想产生了冲击，为我以后的教学实践中提供了非常宝贵的借鉴。

高中班主任的教育行为给小梁未来的教育实践提供了良好的榜样示范，而廖老师课程中传递的教育理念直接构建了小梁对小学语文教学的理解，为她在乡村小学实施语文教学提供了强有力的理论支持和行为模板。

3. 教育实践社群

公费师范生不仅仅通过习得理论知识的方式来学习，还要在教育实践中习得知识。实践过程中，需要在即时的、真实的情境与不同的群体进行交流，实现与社群内成员的互动。公费师范生在实践中主要接触到的社会群体包括：学生家长、小学生、学校同事及学校领导。情境中的实践社群可能加固师范生原有的观念，也可能挑战师范生现有的信念，可以导致信念的重构。[1]

> 曾经和校长一起送教上门过几次，发现有些家长不太尊重教师的劳动。他们觉得学校去他们家里就是给家里送物和送钱的。我们去送教没有给钱，两次之后家长们就不太乐意了。学校订购校服征求家长的意见，他们就误解为是老师乱收费。要是班上都是这样的家长，我的职业幸福感会严重下降，我会考虑转去别的地方。

101

① Parkison P T. Field- based preservice teacher research: Facilitating reflective professional practice[J]. Teaching & Teacher Education. An International Journal of Research and Studies, 2009, 25(6): 798-804.

　　小梁与学生家长的沟通与互动降低了她的教师幸福感，动摇了她坚守教师岗位的决心。家长对老师不信任，配合度低的话会降低教师的幸福感，影响教师职业信念，甚至可能会导致教师流失。反之，如果得到家长较好的配合，或者自己的教学成果能得到家长很好的反馈，则会增强教师的职业幸福感，强化做一名好教师的信念。有学者研究也表明，他人一个坚定的眼神、一个赞许的目光有助于证明他们的判断是正确的，从而更加坚定他们的信念。[①]家长对老师的配合行为就是一种对教师工作赞同的行为表现，所以家长的配合程度也是影响教师职业信念的重要因素之一。

　　所幸的是，小梁由家长的压力所带来的失落，在学校同伴群体中找到了慰藉。

　　来自家长的压力，大部分是学校同事帮忙缓解的，因为大家都面临这样的问题。所在的学校所有的老师都会坚定地站在教师这一边。有一次家长在群里面无端指责我的时候，教导主任给我很大的支持。她说："不想让无良的家长破坏新教师的教师信念。"

　　同事的合作互助、学校领导的信任与支持在促进小梁良好教师职业情感的形成和坚定从教的信念方面发挥了重要的作用。实践群体中的社会性互动对公费师范生的从教信念、职业情感有着重要影响。实践社群中强有力的团队支持是促进良好教师职业信念形成的重要保障。

　　小学生是公费师范生教育实践过程主要的互动群体。公费师范生面对的是 6~12 岁这个阶段的孩子，这一年龄段的孩子具有可爱活泼的特点；而乡村的儿童更是多添了一份淳朴和简单。小梁总感觉在与小学生尤其是乡村小学生的相处中常常能在不经意之中看到他们的美好，内心充满了幸福感。当她看到小学生玩耍时会觉得岁月静好；当与小朋友们朝夕相处时觉得如朋友一般亲切温馨；当她所教的乡村小学生获得了更大的进步时让

102

① 涂倩. 小学新手型教师教育信念的影响因素研究[D]. 成都：四川师范大学，2018：38-40.

她有了被孩子们需要的满足感。正如她自己所言：

> 我不是常常被自己感动，而是被孩子们感动。只要和他们在一起，心情往往会变得莫名的美好。

四、研究结论

通过对公费师范生小梁的深入访谈可知，公费师范生的教师职业信念整体经历了五个阶段且呈螺旋上升趋势。第一阶段，教师职业信念模糊期。进入师范院校前，由于缺乏对小学教师和小学教育专业的了解，听从家人安排和老师建议选择成为公费师范生，对教师职业没有热情，甚至希望远离教师身份，教师职业信念模糊不清晰。第二阶段，教师职业信念树立初期。大一学年，随着学校对专业培养方案的宣传，开始接受并认同小学教育专业，内心对当老师的抵触情绪也在逐步消解。师范院校课程的学习，让小梁开始接触师范课程，有了初步的乡村小学教师职业形象认知，并开始喜欢乡村小学教师职业。为了让自己成为知识渊博的教师，小梁刻苦学习丰富自身知识结构。第三阶段，教师职业信念理论化时期。大二学年不断推出的教师教育类课程，逐步构建起小梁的教师职业理念网络，让她基本理解和认同乡村小学教师的职业特征。大量的观摩和模拟教育实践活动，让她发现了自己成为小学教师的优势，体验到了初为人师的幸福感，开始期待成为一名小学教师，并在学习中努力扮演好师范生的角色，提升自身的师范生技能。第四阶段，教师职业信念深化期。大三学年在入职动机方面一直期待成为小学教师，在教育实习中真实经历小学教师角色转换和岗位历练，由此产生了强烈的教师职业满足感。通过教育实习和专业课程的学习，明确了乡村小学教师职业的要求，也明晰自己与一名正式教师的差距，努力提升教师的基本功。第五阶段，教师职业信念整合期。经历大四学年为期半年的顶岗实习，小梁坚定了从事乡村小学教师职业的信念，她非常享受乡村小学教师岗位带给她的快乐和收获。实习中她以一个正式教师的身份不断践行她所学的教育理念，在行动中深化对教师职业的理解，提高自身的教师专业能力。

小梁教师职业信念的发展变化是一个错综复杂的变革系统，主要受到个体和外界环境两方面因素的影响。其中个体因素主要包括自身性格和心态、自身发展需要的满足感和自主阅读；而外界环境因素包括师范院校课程与教育实践、成长中的重要他人和教育实践社群。

第四节 公费师范生良好教师职业信念的构建

基于对乡村小学职前教师（即公费师范生）教育信念现状及影响因素的分析，借鉴现有文献成果，从师范院校、实习教师自身、实习学校、实习指导教师四个方面提出建议，促进乡村小学职前教师职业信念的优化。

一、师范院校帮助师范生形成开放的教师职业信念

公费师范生一般要经历三到四年的师范院校教育和培养，优化师范院校的培养方式，有助于公费师范生良好教师职业信念的建立，主要可以从以下方面着手。

（一）加强乡村教育支持政策的宣传

很多师范生在报考之前并不熟悉当前国家对乡村教育的支持政策，为了增强师范生对当前乡村小学教师的认知，师范院校可以在各年级开展乡村教育支持政策的宣讲。通过宣讲，让学生意识到"公费"的内涵绝不仅仅表现在师范生相关费用的免除，更重要的是作为普通公民的契约精神、作为知识分子的责任担当和作为一名乡村教师造福乡村学生的自我价值实现，以此提升他们的责任感与荣誉感。同时也让学生们感受到国家对乡村教育的支持和对乡村教师的重视，并进而体会到成为一名乡村教师的社会价值。

（二）优化课程培养体系

现有研究表明，教师信念的来源，除个人生活与成长经验外，在教师教育过程中所习得的显著课程，甚至隐蔽课程经验也包括其中。[1]笔者在调研中也发现，师范院校课程的设置会影响公费师范生的教师职业信念形成。因此，师范院校要适当增加乡土文化与乡土教育和职业生涯规划的相关课程（可以是选修课的方式），增加学生对乡村教育的认知，对乡村教师的职业定位。进而形成清晰的职业生涯规划认知，便于在乡村教育实践中能够做好自身职业规划，能够以一种主动学习的心态依据乡村的实情展开工作。此外，师范院校要建构一种蕴含变革价值的潜在课程。

（三）强化教育教学实践的效果

调研发现，公费师范生的教师职业行为倾向基本随着年级的增加而增强，教育见习、模拟教学和教育实习等实践教学活动有助于增强他们的教师职业行为，促进他们教师职业信念的形成。笔者建议可以从以下四方面进行：

1. 增加公费师范生进入真实的小学观摩和实习的机会

师范院校从公费师范生入学后开始逐步增设教育实践活动，增加公费师范生进入不同类型或不同办学理念的小学进行教育实践活动的机会。这样让他们有更多的机会深入一线不同类型的小学，了解一线小学教师的日常教学工作，学会和小学生交流沟通，增强他们的教师职业行为倾向，促进他们良好教师专业素养的形成。

2. 邀请一线小学教师联合指导

师范院校通过教师教育联盟平台，大力邀请小学教师作为特聘指导教师来指导公费师范生教师专业技能的培养，让所有的公费师范生有更多的

105

---

[1] Richardson V. The Role of Attitudes and Beliefs in Learning to Teach[M] // Sikula J P, Butteru T J, Guton E. Handbook of Research on Teacher Education. 1996: 102-109.

机会和途径向小学教师学习教学技能，学会处理教育中的突发事件，做到提前适应小学教师的日常生活。

3. 增加乡村小学教育实践的机会

虽然随着国家对实践教学的重视不断加强，师范院校都增加了教育见习和教育实习，但是师范生在顶岗实习之前的见习和实习几乎都是安排在城市学校，且以观摩为主，真正面对乡村学校的教育教学实践相对较少。建议师范院校要加强与乡村小学的联动，通过线上线下相结合的方式让公费师范生更多地了解乡村小学教育和乡村小学教师。

4. 优化实践教学评价体系

目前很多师范院校对教育实践的重视在于实践机会的创造，对实践效果的评价与过程的监控关注不够，缺乏科学规范的实践教学评价体系，实践教学的效果需进一步强化。建议师范院校要加强对实践教学评价体系的研制，出台一系列考查实践效果和监控实践过程的措施，提升实训的效果，让实训教学真正实现最优化。足量的实训活动与机会、有质量监控的实训过程和有实效保证的实训效果，将有助于师范生进入乡村教师岗位前甚至顶岗实习前做好成为一名正式老师的准备，以便他们能够很快适应到教学岗位，从而增强在岗位上的自信，获得学校同事和领导的更多认同与肯定，增强职业幸福感。

（四）营造师范性的校园环境文化

当前很多师范院校都是综合性大学，师范性被弱化。顾明远教授也曾指出："长期以来，我国师范生的培养游离于学术性与师范性之间。尤其是实行开放式教师教育制度以来。"[1]因此，师范院校应该保留自身的师范性特色。公费师范生的日常生活是浸润在由同伴、老师、管理者与家长等构成的社会文化情境中的，他们的信念受这一情境中价值观、期望、规则以

---

① 顾明远. 为了免费师范生健康成长[N]. 光明日报，2010-06-21（7）.

及理念等方面的影响。因此，师范院校应在培养师范生的各学院和各专业营造一种师范性的环境文化，从课程内容的选择和学习方式的创新上都应突出师范性，重视师范生的教师基本功训练、微格教学和信息化教学等方面的训练，使公费师范生能从中得到潜移默化的影响，从而加强其自我反思、调整和修正的能力。公费师范生毕业后都将履约入职乡村小学，而乡村小学教师往往面对的是乡村留守儿童，工作中需要他们有更多的人文关怀和乡土情怀，建议师范院校开展一些人文和乡土主题的活动，提升公费师范生的人文素养和乡土情怀，强化他们的综合素质。另外，朋辈群体和团队的支持也是影响公费师范生教师职业信念的重要因素。因此，师范院校应鼓励各师范专业的学生进行学科内和学科间的教研交流活动，形成自主、合作、探究式的学习和教研方式，深化师范生自身教师职业素质的修炼。

（五）发挥教师教育者的榜样力量

教师教育者的教育行为对于师范生来说有一种潜移默化的影响。教师教育者的教育信念直观地表现为教师行为的选择和取舍和教师职业情感和行为的驱动，从而转化为教师的课堂设计、操作和组织行为，整体性、全程性地影响着课堂教学的运作，教育就是这样一种必须"以身作则"的事业。[①]笔者通过对访谈资料进行质性分析也发现，教师教育者的力量对公费师范生的影响非常大。

教师教育者是引导公费师范生进入教育系统的教师，他们的言行、教育观念和道德品质成为公费师范生学习的对象，公费师范生在课堂的观察、模仿等活动中不知不觉获得大量间接经验，这种间接经验影响着他们的信念及实践能力。可见，教师教育者的信念会深刻而全面地影响未来的准教师。因此，教师教育者应表现出强烈的职业信念，树立起良好的教师职业形象，以良好的教育行为和教育思想感染学生，促进公费师范生形成正确

107

---

① 秦立霞. 免费师范教育背景下教师信念研究[J]. 陕西师范大学学报（哲学社会科学版），2012（6）：158-162.

的思想观念和行为倾向，形成更好的教师职业信念。

二、公费师范生自身主动提升教师职业信念

根据吉登斯的自我认同理论，自我认同不是个人与生俱来的特点，是经过后天努力，个人对自我经历反思性的结果。个体自我认同的形成离不开个体主体功能的发挥。社会文化理论也强调能动性是促进个人认知发展的关键因素。通过发挥能动性，教师能够使用多样化的文化性工具（课程纲要、创新性的教学方法），重构社会实践，在实践社群的互动中改变自身的信念。[①]因此，公费师范生要发挥自身能动性，主动提升自身的教师职业信念，主要可从以下方面着手。

（一）主动做好职业定位与规划，强化自身契约精神

访谈研究发现，公费师范生职业定位不够清晰，职业发展规划较差，坚持从教意向较低，大部分公费师范生没有具体的职业规划。公费师范生作为一群特殊的群体，他们不仅是偏远农村地区的优秀师资后备力量，承担基础教育改革与发展的重任，还是推动城乡教育均衡发展的关键和实现乡村振兴的重要人力资本。

1. 主动做好职业定位与规划

公费师范生在确立职业认同时，必须认清自我，对"我是谁"进行正确定位。积极利用各种渠道加强对自己所从事的教师职业的了解与认识，加强对当前教育教学改革趋势的了解，认识到自身是国家特殊政策下培养的特殊群体与人才。虽然培养的目的、手段不同，但是在专业发展方面是没有区别的。在认清自我身份后，公费师范生应确定自己的职业定位，做好自身的职业发展规划，分阶段、分步骤地做好职业准备，在各年级完成自己的职业规划目标。

---

① Johnson K E. The Sociocultural Turn and Its Challenges for Second Language Teacher Education[J]. TESOL Quarterly, 2006(1): 235-257.

2. 强化契约精神

自入学之初，公费师范生就已签订了定向就业协议书，在校期间享受政策优待。根据协议书，公费师范生应履行自己的职责，自愿从事一定年限的教育事业。履约入职是每一个公费师范生诚实守信的体现，是一个知识分子应有的契约精神。

（二）树立主动学习和终身学习的理念

良好的教育、教学业务素质是教书育人的关键，教师需要深厚的知识功底、较强的课堂组织能力和科学的教学艺术才能更好地把握课堂。为提升自身职业成就感和幸福感，公费师范生应从两个方面着手：第一，公费师范生应树立主动学习的理念。一方面要积极学习教育工作相关的基础理论课程，拓宽自己的教育视野，深化自身的教育理论体系；刻苦训练自己的教师基本功，具备过硬扎实的教师基本技能。另一方面还要借鉴学习优秀的教育工作者的经验，善于对教师实践工作进行日常观察和模仿，避免在模拟或真实的教育情境中无所适从。同时还要与同伴、教学经验丰富的实习指导老师或者小学实习合作老师等进行有效沟通，真诚交流，积极扫清自己在实践中的困惑，真正实现理论与实践的沟通，形成教师个体实践智慧。第二，树立起终身学习的理念。当今社会，知识更新越来越快，教师不仅要教学生学习和成长，自身也需要与时俱进，不断汲取和更新知识以完善和提高自己，这样才能更好地满足教学需要，实现自身的成长。

（三）深入乡村，了解乡村和乡村小学教育

公费师范生本是孕育自乡土世界，与乡土世界互联、共生。乡土性是公费师范生的特性，但是现代师范教育的价值取向是城市化的。"现代化是一个与城市化并行的概念，它本身就是以人类的理性来创造的第二自然。正因如此，现代化的实质即是城市化。"[1]公费师范教育遮蔽了公费师范生

109

---

[1] 武晓伟,张军. 论我国乡村教育的人文失守与重建[J]. 河北师范大学学报（教育科学版），2018（01）：92-96.

的乡土性，导致公费师范生对乡土文化的疏离和乡土情感的淡漠。因此一方面要加强乡土课程，加深公费师范生对乡土文化的理解。透过课程传递的乡土文化价值一旦深入人心，往往具有强大的影响力量。①另一方面公费师范生要充分利用自己来自乡村地域的优势，自觉主动地亲近乡村和融入乡村。如自觉利用寒暑假的时间走访乡民，了解乡情，向乡村小学教师取经，组织乡村教育活动，真实地体验乡村教育生态，感知乡村小学教育的现状，并以未来乡村教育家的视角审视当下乡村教育的实际情况，加强自身与乡土文化的天然联系。另外，关注公众媒体对优秀乡村小学教师的介绍以更好地了解乡村学校的状况和教育教学工作的特殊性，为日后适应乡村小学教学奠定基础。

（四）自觉内省，通过教学实践活动洞察自身教育信念

波斯纳提出教师的成长公式是"经验+反思=成长"。反思是教师成长的必然路径。舍恩同时提出，反思是对某种行为存在疑惑、问题或感兴趣时，人们就会提出问题，然后在行动中或行动后思考并解决这些问题，从而能够更深刻地理解这些行动。②因此，对于公费师范生而言，应该把握教师发展的主动性，在小学教育教学现实情境中认识、实践并反思小学教育问题，不断发现他人和自身教育行动中存在的问题，并主动去解决问题，优化解决问题的方法，形成最终属于自己的符号化经验。公费师范生通过"反思"把获得的知识、经验不断转化为实践知识，形成实践智慧。对于教学实践活动，并非只要活动次数多、时间长就最好，而要对教育实践过程各环节、各行为进行教育反思，洞悉支配教学行为的教育信念。同时，要追寻教育信念的根源，敢于批判、修正和否定自己不当的教育信念，积极调整自己对待教育工作一贯的看法。在反思性实践中，师范生才是一个真正的参与

---

① 冯誉萱，刘克利. 公费定向师范教育协同：价值、经验与需要[J]. 大学教育科学，2019（5）：68-74.

② Donald A. Schon. The Reflective Practitioner：How Professionals Think in Action[M]. New York：Basic Books Inc. Publishers, 1983: 50.

者和积极主动的学习者，从而有助于提升反思意识和能力，为自我的持续成长奠定基础。[①]很多经验丰富的教育工作者都是在教学反思中不断成长的，经过教学反思取得很好的效果之后，便会在教育事业上得到很好的发展，增强自己的教学信念，从而坚定自己的教师职业信念。

三、实习学校协同孕育实习教师的职业信念

实习学校是公费师范生真正踏入乡村小学教师岗位的第一站。在教育实习过程中，实习学校的支持是影响师范生职业情感和职业承诺的重要因素，会直接影响他们的教师职业信念，这些支持包括学校文化融入、教师群体的接纳、指导教师的帮扶和团队的交流等方面。有学者指出，职前教师或新手教师特别容易受有压力的现实课堂影响，从而使其职业发展面临风险。[②]笔者在访谈调查中也发现，一部分公费师范生经历乡村小学顶岗实习后，职业热情和从教意愿反而下降，其中一个重要原因是他们在实习学校没有得到足够的认同与尊重。虽然公费师范生无论在教学业务能力还是教育实践经验方面都存在很大的不足，但是以育人为本的实习学校应该以积极、肯定、包容的态度接纳他们，用温馨和谐的氛围共同孕育他们对教师职业的美好信念，实则也是为当地乡村教育培育新的后备人才。具体来说，可从以下两个方面着手：

1. 实习学校要肯定实习教师的职业地位

既要在学校中赋予实习教师与在职教师同等的地位，还要帮助他们在家长面前树立起教师的威信；既要在精神上尊重他们，在情感上认同他们，也要在待遇上宽待他们，在压力上善待他们，让每一个实习教师都感受到

111

---

① 孔宝刚. 技术理性与反思性实践相结合：教师教育的应然取向[J]. 中国成人教育，2018（11）：139-141.

② Evans E D, Tribble M. Perceived teaching problems, self-efficacy, and commitment to teaching among preservice teachers[J]. Journal of Educational Research, 1986, 80(2): 81-85.

来自乡村学校的温暖和前辈教师的呵护，感受到群体的力量和关爱。特别是当与家长沟通出现矛盾时，实习学校领导和老师的支持与鼓励是实习教师开展教育工作的坚强"后盾"，增强他们的教育自信，才能更好地展示并锻炼他们的专业能力，获得教师职业的成就感，从教的信念也能更为坚定。

2. 实习学校要安排优秀的指导教师耐心引领他们成长

实习教师缺乏实践经验，对环境和学生都比较陌生，因此需要前辈的引领和帮助。实习学校应该安排优秀的、负责的指导老师，以师傅结对的方式引领实习教师感受乡村小学教育教学的魅力，同时加强对实习指导教师的培训和督导，促进公费师范生对乡村小学教师职业的认同和情意。

四、实习指导教师躬身示范，以自身的教育信念感染实习教师

现有研究表明，作为实习学校的指导教师，为帮助师范生顺利实现从学生身份到教师身份的转换，为使师范生保持高度的自信、自我效能以及职业认同和职业承诺，提供有针对性的指导、支持、跟进和反馈就变得非常重要。[①]教育实习过程中，实习指导教师是带领公费师范生进入小学教育教学领域的重要他人，其言传身教会直接影响实习教师的观念与行为，是影响实习教师职业信念的关键人物。一方面，实习指导教师提供的支持以及由此建立的良好关系，本身就是对教师职业最好的诠释。特别是实习学校指导教师在工作中展现出来的基本工作状态、对日常工作中各类问题的处理、与学生的互动关系……无时无刻不像一面镜子，让师范生可以从中看到自己的职业未来，这会对师范生的职业承诺产生潜移默化的作用。另一方面，实习指导教师提供的支持，会影响公费师范生对自己所从事教师职业的情感、开展教学工作能力的判断。师范生从指导者那里获得反馈和激励，并进行相应的练习和实践，进而获得更强的能力和效能去面对教师

---

① Malderez A, Hobson A J, Tracey L, Kerr K．Becoming a student teacher: Core features of the experience[J]. European Journal of Teacher Education, 2007, 30: 225-248．

职业的挑战，这有助于进一步提升其职业认同和职业承诺。因此，实习指导教师不仅要在指导过程中尽职尽责、以身示范，以良好教育行为和教育思想去感染实习教师；而且在生活中还应多多关照初来乍到的实习教师，让这些来自异域他乡的孩子能够感受到来自前辈的温暖和关爱。

第四章
乡村小学新手教师的教育信念

第一节 乡村小学新手教师教育信念的现状调查

对于乡村小学教育的发展而言，乡村教师是核心力量。乡村小学教师的教育信念水平决定乡村教师队伍的稳定和专业水平，影响乡村义务教育的质量。新手教师的职业初期是整个教师职业生涯的关键期。乡村小学新手教师初入职场，大多满怀激情，但新岗位的适应、职业压力等会引起教育信念的波动，容易陷入职场困境。现有研究多以整个教师群体为研究对象，或以教师专业发展的整体历程进行理论探讨，对乡村小学新手教师的研究比较少。鉴于此，课题组选择"五年内新入职的乡村小学教师"为研究对象，通过问卷调查和访谈研究相结合的方式，真实反映乡村小学新手教师教育信念的现状，分析影响其教育信念形成和培养的相关因素，并在前人的基础上形成理论框架，提出促进、改善乡村小学新手教师教育信念的对策和建议，为稳定教师队伍、提升乡村小学教育质量等提供参考依据。

一、研究设计与实施

（一）研究对象的确定

本研究主要选取湖南省区域教龄在 5 年以内的乡村小学新手教师为研究对象。选择湖南省的原因主要是该省是中国的中部省份，经济发展水平处于中间层次，基本能够代表我国经济发展的程度。研究对象遍及湖南省的东西南北中各个县域，具有较好的代表性。课题组制定问卷后，通过问卷星平台在乡村小学新手教师中推广发放，共回收 505 份问卷，剔除答题时间少于 90 秒且与实际情况有出入的问卷，共得到 428 份问卷，有效率为 85%。为确保调查对象具有代表性，研究对象的选取涉及不同性别、不同类型学校、不同师源类型、不同学历的各学科乡村小学新手教师。访谈对象的选择遵循便利性、代表性和典型性等原则，选择 9 名教师进行深度访谈。

（二）问卷的设计

1. 问卷的编制

本次调查问卷借鉴了朱苑瑜、叶玉珠两位老师的"教师信念量表"①进行编制。调查问卷分为三大部分：第一部分是个人基本信息资料，包括性别、婚姻状况、所在学校、离城市的距离、年龄、师源类型、从教时间、学历、职称、任教科目等；第二部分是教师教育信念问卷，分为学生管理、学生学习、课程与教学、教师职业、学校和乡土文化五个维度。其中，学生管理信念（1—7 题）包括教师管理态度、学生地位、管理方式和师生关系四个变量；学生学习信念（8—14 题）包括学习态度、学习目标、学习品质和学习效果评价四个变量；课程与教学信念（15—24 题）包括教学目标、课程与教学内容、课程与教学实施、教师角色、教学研究和效果评价六个变量；教师职业信念（25—33 题）包括从教意愿、职业认知和职业情感三个变量；学校和乡土文化信念（34—38 题）包括学校文化、同伴支持和乡村文化认同三个变量。第三部分是关于教师教育信念的影响因素调查。（问卷详见附录 3：乡村小学教师教育信念调查问卷）

2. 数据处理

本研究采用李克特式五点计分法，分为"非常同意""比较同意""基本同意""比较不同意""完全不同意"五个选项，计分方式为正向题目按 1、

115

---

① 朱苑瑜，叶玉珠. 教师信念量表[J]. 教育研究集刊，2001（3）：60-65.

2、3、4、5 依次计分，反向题目按 5、4、3、2、1 依次计分。被试者在各维度的得分越低，说明乡村小学新手教师的教育信念越趋向"开放"取向（"发展"取向）；得分越高，则说明其教育信念趋向于"传统"取向。其中正向计分题项为：1—4、8、10、11、15—16、25—32、34—36；反向计分题项为：5—7、9、12、13、14、17—24、33、37—38。

3. 教育信念问卷的信度检验

通过对本问卷的前期预测数据进行信度检测，如表 4-1-1 数据显示，乡村小学新手教师教育信念的调查问卷的 Cronbach α 系数是 0.891，说明本研究问卷的总体信度水平较高，问卷调查符合要求。

表 4-1-1　乡村小学教师教育信念问卷信度系数

Cronbach's Alpha	观察值	项　数
.889	.891	38

注：Cronbach's α 系数评价标准：0.5 以下不理想；0.5—0.6 可以接受；0.6—0.7 尚佳；0.7—0.8 信度高；0.8—0.9 信度很高；0.9 以上信度非常好。

（三）访谈调查设计与实施

本研究访谈提纲参考教师教育信念的相关文献后编制而成（详见附录 4：乡村小学教师教育信念访谈提纲）。通过访谈了解乡村小学新手教育信念的现状，深入挖掘影响乡村小学新手教师教育信念的因素，试图全面深刻地反映他们的教育信念图景。访谈过程中，研究团队在事先征求教师同意的情况下进行录音并文字记录，访谈完成后对访谈内容进行整理。其中部分访谈对象是研究者走进乡村小学直接当面访谈，还有部分访谈是采用电话和网络等线上访谈方式展开。

二、乡村小学新手教师教育信念整体现状

为了对数据进行深入的分析，研究中的所有问卷数据，均采用统计分析软件 SPSS22.0 进行统计。

（一）教师个人基本情况统计

1. 问卷调查样本构成

通过对问卷调查有效样本的统计分析可知，参与本次问卷调查的 428 名教师均为教龄 5 年内的乡村小学教师。其中男教师 73 人，占比 17.1%；女教师 355 人，占比为 82.9%，基本符合乡村小学新教师性别比例分布。在婚姻状况上，已婚 36 人，未婚 392 人，由于新教师大多是刚毕业的大学生，未婚教师居多。所在学校类型上乡镇中心小学教师 69.4%，村小（含教学点）占比 30.6%；师源类型上社会招考占 28.3%，公费定向师范生占 53.7%，特岗教师 12.4%，民办转正和其他（如代课）占 5.6%，比较符合当年乡村小学教师新教师基本构成状况（详见表 4-1-2）。

表 4-1-2　调查样本个人背景基本情况

名　称	选　项	人数（N）	百分比（%）	合　计
性别	男	73	17.1	428
	女	355	82.9	
婚姻状况	已婚	36	8.5	428
	未婚	392	91.5	
所在学校	乡镇中心小学	297	69.4	428
	村小(含教学点)	131	30.6	
离城市的距离	100 千米以内	90	21.0	428
	10～40 千米	243	56.8	
	41～70 千米	67	15.7	
	71～100 千米	20	4.7	
	100 千米以外	8	1.8	
师源类型	社会招考	121	28.3	428
	公费定向师范生	230	53.7	
	特岗教师	53	12.4	
	民办转正	5	1.2	
	其他	19	4.4	

名　称	选　项	人数（N）	百分比（%）	合　计
学历	中专	9	2.1	428
	大专	86	20.1	
	本科	333	77.8	
	硕士（含）以上	0	0	
职称	无职称	272	63.6	428
	小二	138	32.2	
	小一	18	4.2	
	小高	0	0	
任教科目	语文	230	53.7	428
	数学	108	25.2	
	英语	53	12.4	
	其他	37	8.7	

2. 访谈调查样本构成

本研究的访谈对象都是乡村小学新手教师。虽然是基于目的和方便原则，但为更好地体现样本的代表性，兼顾了不同性别、不同从教年限、不用学历等多个层次的教师代表。按照被访谈老师的顺序，分别以 T1、T2、T3、T4、T5、T6、T7、T8、T9 代表 9 位乡村小学新手教师（详见表 4-1-3）。

表 4-1-3　访谈对象基本情况表

教师编号	性　别	从教时间	学　历	任教学科	是否为班主任
T1	男	1 年	本科	数学	否
T2	男	2 年	大专	数学	否
T3	女	2 年	本科	语文	是
T4	男	4 年	本科	科学	否
T5	女	3 年	本科	语文	是
T6	女	2 年	大专	语文	是

教师编号	性　别	从教时间	学　历	任教学科	是否为班主任
T7	女	1 年	本科	语文	是
T8	女	5 年	本科	英语	否
T9	女	1 年	本科	语文	否

（二）乡村小学新手教师教育信念的基本现状

问卷调查中教师的教育信念分为"学生管理""学生学习""课程与教学""教师职业""学校和乡土文化"五个测量维度。本研究采用李克特式五点计分法，以 3.0 分作为观测值。得分越低，说明乡村小学新手教师的教育信念越趋向"发展"（得分低于 3.0 分为"传统"取向）；得分越高，说明乡村小学新手教师的教育信念越趋向"传统"（详见表 4-1-4）。

表 4-1-4　乡村小学新手教师教育信念总体情况表

指　标	学生管理	学生学习	课程与教学	教师职业	学校和乡土文化	总体教育信念
均值（M）	2.22	2.18	2.30	2.23	2.00	2.19
标准差（SD）	0.54	0.59	0.80	0.68	0.61	0.38

备注：理论中值为 3 分，得分越低越趋向"发展"，得分越高越趋向"传统"。

表 4-1-4 显示，乡村小学新手教师教育信念的总体平均分为 2.19 分，低于理论中值 3.0 分，说明乡村小学新手教师教育信念总体呈"发展"取向。其中各个维度的平均分均低于 3.0 分，由低到高依次是学校和乡土文化信念（M=2.0）、学生学习信念（M=2.18）、学生管理信念（M=2.22）、教师职业信念（M=2.23）和课程与教学信念（M=2.3）。从整体来看，乡村小学新手教师教育信念水平总体和各维度都较为理想。

（三）乡村小学教师教育信念各维度具体分析

由于在每个教育信念维度下有多个因素来调查该维度，我们需进一步思考在这些因素下，是否所有变量的调查结果都呈"发展取向"呢？还是说有些因素的调查结果是呈"传统取向"但却被隐藏在总体"发展取向"的背后呢？为了更深入地解释这些因素，笔者对具体维度进行分析。由于所有维度下的问题都采用李克特五点式量表计分题，分为"非常同意""比较同意""基本同意""比较不同意""完全不同意"五个选项，正向题目按1、2、3、4、5依次计分，反向题目按5、4、3、2、1依次计分。所以，被试者在各维度的得分越低，说明乡村小学新手教师的教育信念越趋向于"发展"；得分越高，则说明其教育信念越趋向于"传统"。

1. 学生管理信念层面

关于学生管理的信念，包括教师管理态度（1、2题）、学生地位（3、4、7题）、管理方式（6题）和师生关系（5题）四个变量。其中1-4题为正向计分题，5-7题为反向计分题。从表4-1-5调查数据显示来看，其中班级（课堂）管理中新手教师趋向于"传统取向"（M=3.87），强调教师应该在课堂管理中具有绝对权威，说明他们对班级实施民主管理的信心不足。与此同时，他们内心又认为应该鼓励学生自治，以培养他们自主自立的精神（M=1.39）。说明新手教师在学生地位的认知上存在矛盾，一方面他们受师范院校所学教育理论的影响，认为应该赋予学生权利，鼓励学生自治，相信学生自主管理的可能；但另一方面在实际操作中发现赋权于学生会导致管理困难，为了保证课堂教学的顺利进行，在课堂中坚持以教师的管理为中心，树立自身的威信，部分新教师甚至主张以体罚的方式来管理学生（M=2.94，接近中值）。对"是否可以体罚学生"这一问题的认识，新手教师存在较大（标准差SD=1.318，为本维度最高值）差异。新教师在教师管理学生的态度信念上趋于"发展取向"（M=1.47），认为应该尊重学生的意见并实施"爱的教育"。

表 4-1-5　乡村小学新手教师学生管理信念维度分析

题项及大意	平均值	标准差
1. 管教学生应保持"爱的教育"的态度	1.47	.760
2. 教师应尊重学生的不同意见	1.47	.689

120

续表

题项及大意	平均值	标准差
3. 教师应鼓励学生自治，以培养其自主自立的精神	1.39	.660
4. 对于学校的管理，小学生应该有话语权	1.88	.919
5. 教师与学生"打成一片"，常会使得学生们变得太随便	2.49	1.128
6. 在教育上，体罚是无可避免的	2.94	1.318
7. 班级（课堂）管理应由教师一个人说了算	3.87	1.241

2. 学生学习信念层面

关于学生学习信念，包括学习态度（13 题）、学习目标（9 题）、学习品质（8、10、11、12 题）和学习效果评价（14 题）四个变量。其中 8、10、11 为正向计分题；9、12、13、14 题为反向计分题。从表 4-1-6 的数据显示来看，新手教师关于学生学习品质的信念表现为在关注学生积极思维、学习兴趣和学习习惯上呈现出强烈的"发展取向"（$M_{思维}$=1.33；$M_{兴趣}$=1.38；$M_{习惯}$=1.32），三者的均值远低于理论中值 3 分；但是在竞争性学习方式上趋于"传统取向"（$M_{竞争学习}$=3.24），均值略高于理论中值 3 分，说明新手教师认同学生学习兴趣、积极思维激发和学习习惯培养的价值，重视学生这三方面学习品质的培养，但在教育过程中也突出竞争意识的培养（M=3.24），在某种程度上来说必然会忽略对学生合作意识的关注。在关于学生学习目标和学习态度的信念上，新教师基本持"发展"取向，但内部差异较大（$M_{目标}$=2.71，$SD_{目标}$=1.175；$M_{态度}$=2.92，$SD_{态度}$=1.214；），其中 50% 的教师不认同学生的主要学习任务是把书念好，但也有 25% 的教师认同这一观点，还有 24% 的教师保持中立。32% 的教师认同小学生不会主动学习，完全需要依赖教师的指导，但也有 41% 的教师认同小学生能够主动学习。在关于学生学习效果评价的信念上，新教师主要持"发展取向"，但内部差异较大（M=2.37；SD=1.239），64% 的教师都不认同以学生的考试成绩为主要指标评价学生学习的效果，但也有 18% 的教师认为学生学习的好与差主要看学生的考试成绩。

表 4-1-6　乡村小学新手教师学生学习信念维度分析

题项及大意	均值（M）	标准差（SD）
8. 引发学生积极思维比告知学生问题答案更重要	1.33	.665
9. 学习的主要任务就是把书念好，按时交作业	2.71	1.175
10. 兴趣是学生学习最好的老师	1.38	.689
11. 小学生学习的关键在于养成良好的学习习惯	1.32	.628
12. 学生的学习动力主要通过同学之间的竞争来激发	3.24	1.176
13. 小学生不会主动学习，主要依赖教师的指导	2.92	1.214
14. 学生学习的好与差主要看学生的考试成绩	2.37	1.239

3. 课程与教学信念层面

关于课程与教学信念，主要包括教学目标（21 题）、课程与教学内容（15、17 题）、课程与教学实施（18、19、22 题）、教师角色（16 题）、教学研究（24 题）和效果评价（20、23 题）六个变量。其中 15—16 为正向计分题，17—24 为反向计分题。从表 4-1-7 的数据来看，新手教师关于教学中教师角色的信念呈现出强烈的"发展取向"（M=1.4，SD=0.651），新手教师普遍认为作为一名乡村小学教师不仅仅是知识的"传授者"，更应该是学生学习的"引导者"，说明新教师认同把学生置于教学的中心，教师的作用重在于引导学生学习。教学目标的信念趋向于"传统"取向且内部差异大（M=3.14，SD=1.201），其中 37%的新教师认同知识和技能目标是乡村小学教学的主要目标甚至是唯一目标，也有 32%的新教师并不认同这一点，另有 31%的新教师保持中立，说明三分之一的新教师对教学目标的理解不够全面，忽视了对情感与方法目标的关注。在课程与教学内容信念上新教师对"教学内容生活化"认同基本一致持强烈的"发展"取向信念（M=1.4，SD=0.651），对"教师应有课程意识"基本持"发展取向"信念且内部差异大（M=2.52，SD=1.279），62%的教师认为即使教材由专家审定确认，但教师教学中仍然可以质疑，也有 21%的教师认为教师没有必要质疑专家审定后的教材，还有 17%的教师持中立态度。在课程与教学实施信念上，新教师基本持"发展取向"信念且内部差异大，其中教师执行课程计划变量均值为 2.71 分，标准差是 1.214，大部分的教师认为教师可以在国家既有课程计划的基础上根据实际情况做出一定的调整以更好地适应课堂教学。在教师对教学预设与生成关系的理解上，均值为 2.65 分，标准差是 1.187，只有 22% 的新教师认为教师的教学要严格遵照教案进行。在因材施教的理解上，均值为 2.45分，标准差 1.209，说明大部分的教师认为在乡村小学同样可以因材施教，只有 19% 的教师认为在乡村小学因材施教是不切实际的。在教学研究信念上主要持"发展取向"信念且内部差异大（M=1.95，SD=1.276），79% 的教师认为乡村小学教师有必要开展教学研究，但也有 15% 的新教师认为没有必要开展，还有 6% 的教师持中立观点。

表 4-1-7　乡村小学新手教师课程与教学信念维度分析

题项及大意	均值（M）	标准差（SD）
15. 教学应与学生的生活经验相连接，从生活中取材	1.5	.693
16. 乡村小学教师不仅仅是知识的"传授者"，更应该是学生学习的"引导者"	1.4	.651
17. 教材的内容是专家审定确认的，教师教学时不必质疑	2.52	1.279
18. 国家已经制定了课程计划，教师只需要忠实地执行计划	2.71	1.214
19. 教师的课堂教学应该严格按照教案来进行	2.65	1.187
20. 衡量乡村小学的教育质量是看学生能否升入优质初中	2.62	1.188
21. 乡村小学的教学目标就是让学生掌握知识和技能	3.14	1.201
22. 因材施教是不切实际的	2.45	1.209
23. 怎样评价学生应完全由教师来决定，学生不应参与	2.07	1.208
24. 对乡村教师来说，教学研究是没有必要的	1.95	1.276

4. 教师职业信念层面

关于教师职业信念，主要包括从教意愿（25、33 题）、职业认知（27、

28、29、32 题）和职业情感（26、30、31 题）三个变量。其中 25—32 为正向计分题，33 为反向计分题。从表 4-1-8 的调查数据来看，新教师的从教意愿基本持"发展取向"且内部差异较大（M=2.55，SD=1.273），但他们坚定从教乡村小学教师岗位的意愿却呈现出"传统取向"（M=3.8，SD=1.146），说明大部分新教师是出于自主意愿选择成为乡村小学教师，但是他们中很多人把乡村小学教师岗位作为职场的跳板，并会在工作中努力寻求机会离开这一岗位。可见乡村小学新手教师坚守从教乡村小学的信念并不坚定。新教师对职业认知主要呈现"发展取向"信念，大部分教师一致认同作为乡村小学教师需要有很强的奉献精神（M=1.63，SD=0.874），承担比城市小学教师更多的责任（M=1.69，SD=0.904），并且在岗位上需要不断地更新自己的知识结构，掌握先进、科学的教育理念（M=1.42，SD=0.719），促进自身教师专业发展。在教师职业情感上，新教师基本呈现出"发展取向"的教育信念且内部差异大，比较多的教师喜欢当一名乡村小学教师，并努力让自己成为一个优秀的乡村教师（M=2.21，SD=1.147）。当他们听到或看到有颂扬乡村小学教师的话语时，内心会产生欣慰感（M=1.95，SD=1.079）。同时，比较多的教师认为从事乡村小学教师职业能充分发挥他们的才能（M=2.59，SD=1.218），实现自身价值。

表 4-1-8　乡村小学新手教师的教师职业信念维度分析

题项及大意	均值（M）	标准差（SD）
25. 选择成为乡村小学教师是我的自主意愿	2.55	1.273
26. 我喜欢做一名乡村小学教师，并努力让自己成为一个优秀的教师	2.21	1.147
27. 教师职业是天底下最光辉的职业	2.25	1.215
28. 教师职业需要教师有很强的奉献精神	1.63	.874
29. 与城市小学教师相比，乡村小学教师需要承担的责任更多	1.69	.904
30. 当看到或听到有颂扬乡村小学教师的话语时，我会有一种欣慰感	1.95	1.079

题项及大意	均值（M）	标准差（SD）
31. 从事乡村小学教师职业能充分发挥我的才能	2.59	1.218
32. 教师应不断更新自己的知识结构，掌握先进、科学的教育理念	1.42	.719
33. 如果有机会，我希望能够离开乡村小学教师的岗位	3.8	1.145

5. 学校和乡土文化信念层面

学校和乡土文化信念主要包括学校文化（35 题）、同伴支持（36 题）和乡村文化认同（34、37、38 题）三个变量。其中 34—36 题为正向计分题，37—38 题为反向计分题。从表 4-1-9 的调查数据来看，新教师对乡村学校文化的信念主要持"发展取向"（M=1.67，SD=0.829），认为乡村学校应该实施民主管理，强化同事之间的合作。他们对学校同伴支持同样持有强烈的"发展取向"信念（M=1.54，SD=1.218），认为乡村学校教师同事之间应该相互帮助和支持，形成合作的教学氛围。从新教师对乡土文化的信念来看，他们基本持"发展取向"信念，大部分教师认为乡村文化对乡村小学生的成长是有价值的，学生应该学习乡村文化（M=2.1，SD=1.234），因此在教学中他们会把乡土资源融入自己的课堂教学之中（M=1.93，SD=0.944）。超过半数的教师认为乡村小学的教学应该保留乡村特色，乡村文化在新的时代具有价值和意义（M=2.78，SD=1.283），也有 26%的新教师认为乡村小学应以城市学校为标杆学习城市主流文化。可见，新教师比较认同乡土文化，但内部个体之间的信念存在比较大的差异。

表 4-1-9　乡村小学新手教师的学校和乡土文化信念维度分析

题项及大意	均值（M）	标准差（SD）
34. 我会把乡土资源融入我的课堂教学中	1.93	.944
35. 学校应该实施民主管理，强化同事之间的合作意识	1.67	.829
36. 我希望能得到学校更多同事专业上的帮助和支持	1.54	.747
37. 教学应积极向城市看齐，乡村文化已经过时	2.78	1.283
38. 学生学习乡村文化没有用	2.1	1.234

三、不同背景变项乡村小学新手教师的教育信念差异性分析

本研究通过不同的背景变项（包括性别、学校类型、婚姻状况、师源类型、学历等）来考查不同群体乡村小学新手教师教育信念状况。由于性别、婚姻状况和学校类型都是二分类变量，因此使用独立样本 T 检验的方法分析乡村小学新手教师教育信念总体和各个维度在这些背景因素的影响下是否存在显著性差异。师源类型和学历这两个因素的变量数值都大于 3 个，采用单因素方差分析比较乡村小学新手教师教育信念总体和各个维度在这些背景因素的影响下是否存在显著性差异。

（一）不同性别乡村小学新手教师教育信念差异性分析

本研究采用独立样本 T 检验分析方法，以说明不同性别的乡村小学新手教师在教育信念上是否存在差异。如表 4-1-10 数据显示，乡村小学新手男教师 73 人，女教师 355 人，女性教师人数多于男性教师，男女教师性别比例失衡但基本符合当前乡村小学教师性别构成的实际情况。调查结果显示，乡村小学新手女教师的总体教育信念、在"学生学习""课程与教学""学校和乡土文化"三个分维度上的教育信念与新手男教师存在极其显著的差异（$P<0.001$），新手女教师的教育信念均值都低于新手男教师，说明乡村小学女教师的教育信念相对于新手男教师更具有发展性和开放性。虽然在学生管理信念和教师职业信念维度上，男女新手教师不存在显著差异。但进一步对两个群体均值的比较发现，男教师（M=2.10）在学生管理信念上的均值略低于女教师（M=2.23），说明新手男教师比女教师在学生管理上相对更趋于开放。造成这一问题的原因可能与男教师的性格特征有关，男教师往往更粗狂，对细节的关注不如女教师，因此在对学生的管理中更容易采用粗放型的管理方式。

表 4-1-10　不同性别乡村小学新手教师教育信念差异分析

维　度	性　别	频　数	均　值	标准差	t
学生管理	男	73	2.10	.707	-1.86
	女	355	2.23	.492	

续表

维　度	性　别	频　数	均　值	标准差	t
学生学习	男	73	2.57	.605	6.519***
	女	355	2.10	.560	
课程与教学	男	73	2.94	.863	8.061***
	女	355	2.17	.717	
教师职业	男	73	2.12	.672	−1.536
	女	355	2.25	.683	
学校和乡土文化	男	73	2.27	.635	4.226***
	女	355	1.92	.589	
总体教育信念	男	73	2.40	.374	5.48***
	女	355	2.14	.371	

备注："*"表示 P<0.05，差异显著；"***"表示 P<0.01，差异非常显著；
"****"表示 P<0.001，差异极其显著。

（二）不同学校类型乡村小学新手教师教育信念差异性分析

Bruce A. Brousseau et al（1988）、桑国元等人（2009）在其调查研究中，将在职教师所在学校的区域（农村、郊区、城市）纳入影响教师信念的因素之一，并发现学校所在的地区是影响教师信念重要因素之一。从表 4-1-11 调查数据来看，乡村小学教师来自两种类型的学校，其中乡村乡镇中心小学教师 297 人，村小（含教学点）教师 131 人。经过独立样本 T 检验发现，来自不同类型学校的乡村小学新手教师在教师教育信念总体和各维度上都不存在显著差异，说明乡村学校类型不是影响乡村小学新手教师教育信念的重要因素，这一结论与桑园元等学者的观点存在差异。造成这种差异的原因是，笔者所选取的教师均来自乡村，而他们选取的是来自乡村、郊区和城市三个不同区域的教师。三个区域无论在经济水平上，还是地理位置上乃至师资队伍上都存在比较大的差距。而乡村乡镇中心小学和村小都处于乡村地区，并一般由中心校统筹管辖，加之区域内教师轮岗制的实施，乡村学校之间师资交流频繁，师资水平差异不大，他们的教育信念水平大致相同。

表 4-1-11　不同学校类型乡村小学新手教师教育信念差异分析

维　度	学校类型	N	均　值	标准差	t
学生管理	乡镇中心小学	297	2.207	.516	-.482
	村小（含教学点）	131	2.235	.581	
学生学习	乡镇中心小学	297	2.184	.591	.191
	村小（含教学点）	131	2.172	.607	
课程与教学	乡镇中心小学	297	2.326	.802	.948
	村小（含教学点）	131	2.247	.789	
教师职业	乡镇中心小学	297	2.214	.672	-.814
	村小（含教学点）	131	2.272	.707	
学校和乡土文化	乡镇中心小学	297	1.989	.605	-.814
	村小（含教学点）	131	2.041	.617	
总的教育信念	乡镇中心小学	297	2.184	.385	-.229
	村小（含教学点）	131	2.193	.382	

128

（三）不同婚姻状况乡村小学新手教师教育信念差异性分析

从调查数据来看（详见表 4-1-12），已婚乡村小学新手教师 36 人，未婚新手教师 392 人，未婚小学新手教师人数多，所占比例大，也基本符合现实状况。因为很多新教师都是刚从师范院校毕业的大学生，年龄大多处于 25 岁以下，因此未婚者居多。再加之在乡村地区适龄婚配的对象比较少，很多新教师也难以找到合适的对象结婚，因此新手教师中已婚率比较低。通过独立样本 T 检验分析发现，不同婚姻状况的教师教育信念总体上不存在显著差异（t=-1.152，P>0.05），仅在"学生管理"和"课程与教学"信念上存在显著差异。新手未婚教师关于学生管理信念比已婚教师更具有发展性，但关于课程与教学的信念未婚教师相对更传统一些。造成这种现象的原因可能是未婚新手教师大多进入岗位时间更短，他们往往更倾向于给予学生一定权利和采取自由的学生管理方式以拉进与学生的距离，但在课程与教学中由于经验较少且处于教师职业的适应早期，观念和做法会相对保守以缩短职业生存期，争取尽快站稳讲台以适应乡村小学教师岗位。

表 4-1-12　不同婚姻状况乡村小学新手教师教育信念差异分析

维　度	性　别	频　数	均　值	标准差	t
学生管理	已婚	36	2.41	.564	2.269*
	未婚	392	2.20	.531	
学生学习	已婚	36	2.00	.536	−1.951
	未婚	392	2.20	.560	
课程与教学	已婚	36	1.92	.577	−3.054**
	未婚	392	2.34	.807	
教师职业	已婚	36	2.26	.730	.280
	未婚	392	2.23	.679	
学校和乡土文化	已婚	36	1.89	.563	−1.198
	未婚	392	2.02	.612	
总体教育信念	已婚	36	2.09	.404	−1.152
	未婚	392	2.20	.381	

备注："*"表示 $P<0.05$，差异显著；"**"表示 $P<0.01$，差异非常显著。

　　进一步对不同婚姻状况乡村小学教师的"课程与教学信念"维度各题项的差异分析（详见表 4-1-13）发现：在教学内容的理解、效果评价和教学研究等方面，已婚教师与未婚教师存在非常显著的差异。造成这一现象的原因可能是：已婚教师相对于未婚教师群体教龄相对更长一点，对小学教学内容更熟悉，所以能在现有教材的基础上加入自己对教材的解读。随着他们对乡村小学工作的熟悉，对乡村小学教育质量的评价更客观和全面，会比较多地考虑学生发展的多个方面，并结合学校的资源情况进行评价，相对而言不会单一以升入优质初中为标准来评价乡村小学教育的质量。另外，由于他们在岗位上经历的时间更长，所以他们更能发现教学的问题需要老师们通过教研的方式来解决，因此他们更认同教学研究的必要性。

表 4-1-13　不同婚姻状况乡村小学新手教师在"课程与教学信念"
维度各题项的差异分析

题项及大意	婚姻状况	频　数	均　值	标准差	t
15. 教学应与学生的生活经验相连接，从生活中取材	已婚	36	1.42	.649	-0.775
	未婚	392	1.51	.697	
16. 乡村小学教师不仅仅是知识的"传授者"，更应该是学生学习的"引导者"	已婚	36	1.36	.683	-0.392
	未婚	392	1.41	.649	
17. 教材的内容是专家审定确认的，教师教学时不必质疑	已婚	36	1.89	.887	-3.106**
	未婚	392	2.57	1.295	
18. 国家已经制定了课程计划，教师只需要忠实地执行计划	已婚	36	2.36	1.175	-1.820
	未婚	392	2.74	1.214	
19. 教师的课堂教学应该严格按照教案来进行	已婚	36	2.17	1.000	-2.581*
	未婚	392	2.7	1.193	
20. 衡量乡村小学的教育质量是看学生能否升入优质初中	已婚	36	2.06	.860	-3.015**
	未婚	392	2.67	1.201	
21. 乡村小学的教学目标就是让学生掌握知识和技能	已婚	36	2.69	1.215	-2.314*
	未婚	392	3.18	1.193	
22. 因材施教是不切实际的	已婚	36	2.11	1.063	-1.755
	未婚	392	2.48	1.218	
23. 怎样评价学生应完全由教师来决定，学生不应参与	已婚	36	1.69	.951	-1.969
	未婚	392	2.11	1.224	
24. 对乡村教师来说，教学研究是没有必要的	已婚	36	1.42	.649	-2.655**
	未婚	392	2.00	1.308	

备注："*"表示 P<0.05，差异显著；"**"表示 P<0.01，差异非常显著。

（四）不同师源类型乡村小学新手教师教育信念差异性分析

为了进一步了解教师来源途径是否是影响乡村小学教师教育信念的因素，笔者对不同师源类型的教师进行方差分析。调查数据显示，来源于社会招考的教师有 121 人，公费定向培养的教师有 230 人，特岗教师有 53 人，民办转正教师有 5 人，其他（如临聘教师、代课教师等）有 19 人。考虑到民办转正和其他来源的教师两组数量都比较少，因此将两组数据合并为其他，共 24 人。通过单因素方差分析发现（详见表 4-1-14），不同师源类型的乡村小学新手教师教育信念总体上不存在显著差异，在"学生管理信念""学生学习信念""学校和乡土文化信念"三个维度上也不存在显著差异。但在"教师职业信念"上存在非常显著的差异（$F=5.929$，$P<0.01$），在"课程与教学信念"上存在显著差异（$F=3.027$，$P<0.05$）。公费定向培养的教师，即公费师范生毕业后进入乡村小学的教师，他们对教师职业的信念水平不如其他群体类型那么具有发展性和开放性。

表 4-1-14　乡村小学新手教师教育信念的师源差异分析

维　度	师源类型	N（频次）	M（均值）	SD（标准差）	F（方差值）	LSD（事后多重比较）
学生管理	社会招考	121	2.191	0.507	.319	
	公费定向培养	230	2.232	0.528		
	特岗教师	53	2.232	0.590		
	其他	24	2.143	0.650		
学生学习	社会招考	121	2.260	0.654	2.58	
	公费定向培养	230	2.123	0.525		
	特岗教师	53	2.151	0.690		
	其他	24	2.399	0.635		
课程与教学	社会招考	121	2.406	0.877	3.027[*]	
	公费定向培养	230	2.210	0.716		
	特岗教师	53	2.317	0.855		
	其他	24	2.621	0.901		

维　度	师源类型	N （频次）	M （均值）	SD （标准差）	F （方差值）	LSD （事后多重比较）
教师职业	社会招考	121	2.081	0.698	5.929**	④>③>②>①
	公费定向培养	230	2.356	0.664		
	特岗教师	53	2.147	0.652		
	其他	24	1.995	0.635		
学校和 乡土文化	社会招考	121	1.995	0.640	1.157	
	公费定向培养	230	1.997	0.567		
	特岗教师	53	1.962	0.704		
	其他	24	2.225	0.597		
总体教育 信念	社会招考	121	2.187	0.406	.517	
	公费定向培养	230	2.184	0.351		
	特岗教师	53	2.162	0.461		
	其他	24	2.277	0.394		

备注："*"表示 P<0.05，差异显著；"**"表示 P<0.01，差异非常显著。
④代表公费定向培养；③代表特岗教师；②代表社会招考；①代表其他类型。

对不同师源类型乡村小学新手教师"教师职业信念"维度各个题项的进一步差异分析（详见表 4-1-15）发现：公费定向培养（即公费师范生入职后）的乡村小学新手教师的自主入职意愿（M=2.79）相对其他群体要低一些，他们离岗意愿（M=3.93）相对其他群体要高一些。从访谈中了解到，此次参加调查的定向师范生多是刚毕业不久的公费师范生，他们中有部分不是自主选择成为乡村小学教师的，而是受到父母和家庭的影响。根据国家相关政策的规定，公费师范生在入校前需要与当地教育局签订不少于 6 年的乡村学校服务协议。根据协议，他们毕业后必须履约到岗入职，因此其中存在部分教师并不是出于自主自愿成为乡村小学教师的，其教师职业信念水平相对较低。而特岗教师（M=2.36）和社会招考教师（M=2.33）一样，是通过自愿报名和选拔考试的方式进入学校的，因此相对而言，他们的自主入职意愿更高。而其他类型，包括民办转正和代课临聘教师（M=1.75），他们完全是出于自主自愿甚至是经过多方努力才进入乡村小学的，因此对乡村小学教师这份职业的信念水平相对更高一些。

表 4-1-15　不同师源类型乡村小学新手教师"教师职业"
信念维度各题项的差异分析

题项及大意	社会招考	公费定向培养	特岗教师	其他
25. 选择成为乡村小学教师是我的自主意愿	2.33	2.79	2.36	1.75
26. 我喜欢做一名乡村小学教师，并努力让自己成为一个优秀的教师	2.04	2.4	1.98	1.63
27. 教师职业是天底下最光辉的职业	2.02	2.41	2.21	2.04
28. 教师职业需要教师有很强的奉献精神	1.52	1.68	1.62	1.63
29. 与城市小学教师相比，乡村小学教师需要承担的责任更多	1.63	1.69	1.68	2.08
30. 当看到或听到有颂扬乡村小学教师的话语时，我会有一种欣慰感	1.79	2.08	1.87	1.83
31. 从事乡村小学教师职业能充分发挥我的才能	2.35	2.8	2.38	2.21
32. 教师应不断更新自己的知识结构，掌握先进、科学的教育理念	1.4	1.41	1.47	1.54
33. 如果有机会，我希望能够离开乡村小学教师的岗位	3.69	3.93	3.75	3.25

133

（五）不同学历乡村小学新手教师教育信念差异性分析

为了进一步了解学历是否是影响乡村小学教师教育信念的因素，笔者对不同学历的教师进行了对比分析。调查数据显示，学历为本科的教师有331人，占样本量的77.3%；大专学历教师有88人，中专学历教师为9人。目前，很多县市新进的乡村小学教师都有本科文凭，即使少部分没有也通过专升本或自考本科等方式取得了本科文凭，样本的学历结构基本反映了目前乡村小学教师队伍的学历结构现状。通过单因素方差分析（见表 4-1-16）发现，不同学历的乡村小学新手教师总体教育信念存在非常显著的差异。除学生管理信念外，不同学历的教师在"学生学习信念""课程与教学信念"和"教师职业信念"三个维度上存在非常显著的差异（P<0.01），在"学校和乡土文化信念"维度上存在显著差异（F=3.517，P<0.05）。大专学历的乡村小学新手教师的教育信念总体更具有发展性，中专学历的乡村小学新手教师的教育信念总体相对更传统。主要有两方面的原因：一是可能与被测样本有关，本科学历的样本大多是新入职乡村小学 2 年内的教师，他们还处于岗位适应初期；大专学历的教师大多是已入职 2 年以上的新教师，他们基本完成了对岗位的初步适应；因此大专学历教师比本科学历教师在学生学习、课程与教学、教师职业等方面更能灵活地运用教育理念并形成适应实践情境的教育信念。二是与所受师范专业教育有关。中专学历的新教师由于所受师范专业训练时间较短，因此他们的教育信念相对更趋于传统取向。

表 4-1-16　乡村小学新手教师教育信念的学历差异在各维度及总体信念上的差异分析

维　度	学　历	N（频次）	M（均值）	SD（标准差）	F（方差值）	LSD（事后多重比较）
学生管理	中专	9	2.064	0.736	.486	
	大专	88	2.244	0.564		
	本科	331	2.212	0.524		
学生学习	中专	9	2.778	0.602	5.057**	②<①；③<①
	大专	88	2.122	0.563		
	本科	331	2.180	0.596		
课程与教学	中专	9	3.189	0.724	5.847**	②<①；③<①
	大专	88	2.263	0.784		
	本科	331	2.288	0.792		
教师职业	中专	9	2.333	0.707	6.724**	②<③
	大专	88	1.998	0.622		
	本科	331	2.291	0.686		

维　度	学　历	N （频次）	M （均值）	SD （标准差）	F （方差值）	LSD （事后多重比较）
学校和乡 土文化	中专	9	2.400	0.520	3.517*	②<①
	大专	88	1.896	0.611		
	本科	331	2.024	0.605		
总体教育 信念	中专	9	2.553	0.280	6.462**	②<③<①
	大专	88	2.104	0.398		
	本科	331	2.199	0.376		

注："*"表示 $P<0.05$，差异显著；"**"表示 $P<0.01$，差异非常显著。① 代表中专；②代表大专；③代表本科。

四、研究结论

通过对 428 份样本数据的分析发现，乡村小学新手教师教育信念的总体平均分为 2.19 分，低于理论中值 3.0 分，说明乡村小学新手教师教育信念总体呈"发展"取向。其中各个维度的平均分均低于 3.0 分，由低到高依次是学校和乡土文化信念、学生学习信念、学生管理信念、教师职业信念和课程与教学信念。从整体来看，乡村小学新手教师教育信念水平总体和各维度都较为理想。

经过对不同背景项下乡村小学新手教师的差异分析发现，女教师的总体教育信念以及在"学生学习""课程与教学"和"学校和乡土文化"三个分维度上的教育信念与新手男教师存在极其显著的差异，新手女教师的教育信念均值都低于新手男教师，说明乡村小学女教师的教育信念相对于新手男教师更具有发展性和开放性。来自不同学校类型的乡村小学新手教师在教师教育信念总体和各维度上都不存在显著差异，不同婚姻状况的教师教育信念总体上不存在显著差异，仅在"学生管理"和"课程与教学"信念上存在显著差异。新手未婚教师的"学生管理信念"比已婚教师更具有发展性，但"课程与教学的信念"方面未婚教师相对更传统。不同师源类型的乡村小学新手教师教育信念总体上和"学生管理信念""学生学习信念"

135

和"学校和乡土文化信念"三个维度上都不存在显著差异，但在"教师职业信念"上存在非常显著的差异，在"课程与教学信念"上存在显著差异。公费定向培养（即公费师范生入职后）的乡村小学新手教师的自主入职意愿相对其他群体要低一些，他们离岗意愿相对其他群体要高一些。不同学历的乡村小学新手教师总体教育信念和"学生学习信念""课程与教学信念""教师职业信念"三个维度上存在非常显著的差异，在"学校和乡土文化信念"维度上存在显著差异。大专学历的乡村小学新手教师的教育信念总体更具有发展性，中专学历的乡村小学新手教师的教育信念总体相对更传统。由此可见，性别、学校类型、学历是影响乡村小学新手教师教育信念的背景项因素。

第二节　乡村小学新手教师教育信念的影响因素

前文已经通过差异性分析得知性别、学校类型和学历是影响乡村小学新手教师教育信念的重要背景项因素，为了更进一步揭示影响乡村小学新手教师教育信念的因素，笔者在问卷的第三部分设置了三个多选题展开调查（详见附录 3：乡村小学教师教育信念调查问卷）。

通过 SPSS22.0 软件进行多重响应分析发现，影响乡村小学新手教师教育信念前九大因素由高到低依次是：教学经验、学校管理文化、个体知识储备、教师群体文化、学生特点、求学经历、个性特征、家庭环境、地域环境等（详见表 4-2-1）。同时结合深度访谈发现，乡村小学新手教师教育信念的影响因素主要表现在以下方面。

表 4-2-1　影响乡村小学新手教师教育信念的因素统计

影响因素	响　应		个案数的百分比（%）
	N（频次）	百分比（%）	
教学经验	333	17.3%	77.8%
学校管理文化	253	13.1%	59.1%

续表

影响因素	响　应		个案数的百分比（%）
	N（频次）	百分比（%）	
个体知识储备	250	13.0%	58.4%
教师群体文化	227	11.8%	53.0%
学生特点	201	10.4%	47.0%
求学经历	141	7.3%	32.9%
个性特征	131	6.8%	30.6%
家庭环境	112	5.8%	26.2%
地域环境	108	5.6%	25.2%
当地乡村文化	89	4.6%	20.8%
教育管理体制（如集中办学）	79	4.1%	18.5%
其他（请在横线上注明）	4	0.2%	0.9%
总计	1928	100.0%	450.5%

一、教师个体方面

（一）教学经验

Smylie（1988）对专家型教师的研究发现，在离开大学后，许多人从同事和自身的经验获得新的概念。[1]教学经验，是指教师在开展教育教学活动过程中所经历、获得的对教学的客观认识，它是不断发展变化的，决定着教师的教学行为、教学方法，也对教师教育信念的形成有着重要影响。问卷调查中，77.8%的教师认为，教学经验影响了他们教育信念的构建。访谈中，很多新手教师反映一开始由于教学经验不足，在教育教学、学生管理等方面都有很大的欠缺，但是随着时间的推移，慢慢地适应岗位和乡村小学的教学，和小学生的相处更愉悦，对学生的管理变得更轻松，教学上取得了较大的进步和成长。

---

① Smylie M A. The enhancement function of staff development: Organizational and psychological antecedents to individual teacher change[J]. American Educational Research Journal, 1988, 25 (1): 1-30.

T1 老师：刚开始的时候，经验不足，在教学、学生纪律管理方面做得不是很好，但边教边学嘛，自己也会认真反思哪个地方做得不好，及时改正，自己还有学生，都在进步。

T8 老师也说：慢慢地，孩子们能从中学习到很多知识，这让我很有成就感，对自己从教乡村小学教师岗位有了更多的信心。在这个过程中，我也积累了很多教学经验，学习到了很多。

很多新教师在教学实践的过程中，不断进行探索并积累经验，对学生的学习管理，对自身的教学与教师职业的认知，内心深处正在发生一种正向的、积极的变化，这种变化有利于新教师教育教学的良性发展和稳固乡村小学新手教师的教育信念。

（二）求学经历

求学经历是指教师在正式入职前，历经中小学学习、师范院校学习和教育见习实习等实践活动的过程。帕哈雷斯（Pajares，1992）指出，职前教师从他们以前做学生的经验中产生生动的教学意向，影响他们对特定课程和教师实践的解释，对于他们以后作为教师时的实践发挥强大的作用。[1]教师在求学经历中所获得的教学方法将有可能会移植到今后的课堂实践上，所以教师先前的学习经历与经验建构了教师对教育教学工作的最初信念。这种信念也是教师对教学的最初概念，而且对教师职业这一生都起着重要的作用。在这个过程中，他们会遇到许多关键事件和关键人物，对他们选择教师职业的信念和教学信念产生一定的影响。

T2 老师：我觉得高中的时候，语文老师对我从教产生了很大的影响。当时我因为逃课出去上网被老师抓了，她推心置腹地跟我聊了很久，还送给我一本叫作《亲爱的安德烈》的书。看完这本书以后，我和老师交流，她跟我说的一句话我至今都牢记在心。"人生不仅仅止于

---

[1] Pajares M F. Teachers' beliefs and educational research: Cleaning up a messy Construct[J]. Review of Educational Research, 1992, 62(3): 307-332.

眼前的这一块小地方，我们可以通过自己的努力，飞得更高，看得更远，走出去，看世界。"这句话一直影响着我，可能会影响我一辈子，甚至我的学生们。

T5老师：我读书的时候，很多老师都有点偏爱优等生，对学习成绩不太好的学生不太关注。那个时候我就想改变这种情况。后来我就选择了当老师，就希望我的学生、我的弟弟妹妹们、我的孩子不会在那种有偏见的老师那里学习。

T6老师：首先就是我的小学启蒙老师，她在我的心里播下了教师梦的种子。然后就是我们实习的时候，学校给我分配的那个指导老师，她对我产生了很重要的影响。虽然她教龄很长且经验很丰富，但从她身上我仍然能看到像年轻教师一般的那种激情与活力，特别打动我。如果我以后能够做到像她这样，我的教师职业就很圆满了！

在教师的成长经历中，学生时代的带班老师和指导老师的教学风格、职业热情影响了他们教育信念的早期构建。T2、T5、T6三位老师教育信念的形成与以前读书求学、实习经历等有着很大的关系。T2、T6两位老师是在自己老师的帮助和指导下，改变了自己的想法，开拓了自己的视野，构建了他们的教育信念。而T5老师则是从其求学经历中体验到老师们做得不够的方面、善于反思，形成了具有发展性的教育信念。这些重要的事件、他人往往源于老师、朋友等带给他们的影响，其信念好的方面，对于他们的人格形成、价值判断以及教育信念的培养有着不可或缺的作用。而其信念不足之处则有助于新手教师进行反思，以更加民主、平等的态度对待每一位学生，摒弃不好的教育偏见，积极学习别人的长处，以推动乡村小学教育的发展，这也会在无形之中提升了新手教师的教育信念。

139

（三）个体知识储备

教师的个体知识储备包括一般文化知识、学科知识和教育教学知识，它是教师开展教学活动，发挥教师职能的重要保障，这种知识储备的积累主要通过学校培养和自主学习。在已有研究中，刘莉（2009）对农村学校教师教育信念进行调查研究发现，教师自身所掌握的教育理论在教育实践活动中发挥着解释、指导实践等功能，对于教师的教育信念和职业化发展有着重要的影响。[①]

在访谈中，笔者发现，新手教师大多认为自己目前的知识储备量不够，对自己的教学有一定的影响，但也正是因为这种无形的压力使得教师更有动力学习更多的知识，从而促进教学工作更好地开展。

> T5 老师：小学教师这个职业，教给了我一种责任感，因为你要教全班那么多学生，这就增加了我的责任感，就是要逼迫自己去学习更多的知识，因为自己的知识量可能不足以教给他们更多的东西。

> T7 老师：嗯，主要是自己在教材分析、知识点的把握上做得不是很好，而且现在又换了新的教材，这意味着大家得从头开始，压力有点大，感觉自己学到的知识有点不够用。

总的来说，教师只有不断学习，理论知识才会得到更新，个体知识储备量才会得到提升和改善，与此同时，教师的教育信念也会受到影响。

（四）个性特征

个性特征主要指教师个体经常、稳定地表现出来的性格特点，它对教师的思想、行为有着一定的影响。学者张立华（2011）对农村"特岗教师"稳定性问题的调查研究发现，新手教师自身的性格会影响他的教育信念，如果一个教师的性格趋于积极乐观，他对环境的适应能力会更强，对于职业的选择也会更加坚定。[②]如在访谈中的 T6、T7 两位老师，T6 老师做事果断，不安于现状，而 T7 老师为人温和、心态乐观，这两位老师一开始都是因为自己的理想成为教师，正式入职进行教学后，他们对这份职业有了更

① 刘莉. 一所民族地区农村学校教师教育信念的调查研究[D]. 四川：四川师范大学，2009.
② 张立华. 农村"特岗教师"稳定性问题的个案研究[D]. 吉林：东北师范大学，2011：26.

深的认识，也对这份职业有了不同的打算。

> T6 老师：在乡村工作了这么久，当然考虑过去更远的地方发展，因为我也想去城市，去体验更好的教学环境，希望自己能得到更好的发展。

> T7 老师：从教师这份职业中感到了自豪感和成就感……还是会留在乡村吧，但是如果有那个机会去外面学习的话也会到外面去，但是最后的话应该还是会回到乡村。

T6 老师比 T7 老师更有冲劲，希望能去城市发展，两位老师选择的不同，也会影响他们的教育信念。

（五）家庭环境

家庭环境是人得以发展的基础条件，对人的发展起着潜移默化的作用。在已有调查研究中发现，家庭环境会影响新手教师的教育信念，当新手教师进入教学岗位后，难免会遇到一些困难、挫折，这时家人往往是最好的倾听者，他们的关心、理解可以减轻新手教师内心的焦虑、无助，其教育信念也会更加稳定。[①]

> T2 老师：因为我的父亲是一名人民教师，所以我知道教师这个职业是非常艰辛的，所以我需要努力。

> T3 老师：最重要的应该是我的父母吧，因为他们都是老师，所以我觉得，成为老师对我来说也是一件水到渠成的事，虽然是我自己这个水选择了这个渠。

T2、T3 两位老师都出身教师家庭，家庭环境对他们职业的选择有着较大的影响。两位教师的教育信念受到家人的影响，使得他们对于教育这份事业秉持着不断努力的态度。在对 T8 老师的访谈中，她也提到了家人对她工作的支持、帮助。

141

[①] 王雪竹. 小学初任教师信念研究[D]. 吉林：东北师范大学，2009：30.

T8 老师：刚开始上课的时候，事情真的好多啊，我接手的那个班成绩也不好，那段时间心情真的好差，很想哭……我很幸运的是，爸爸妈妈都陪在我身边，而且我爸也是老师，他经常会和我谈谈心，告诉我怎样管班级，怎样和学生、家长沟通。

可见，新手教师的家庭环境也影响着教师教育信念的稳定和发展。

二、学生方面

汤普森（Thompson，1982）通过跟踪调查三名数学教师，发现影响数学课堂改革的教师信念有四个方面：学生学习、教师角色、学生能力以及教学单元的重要性。[①]学生是教师进行教学实践的主体对象，他们是发展中的人，具有强大的可塑性、自主性、独立性。教师在开展教育教学活动后，学生的学习状态和学习能力都是对其教学质量的重要反映。如果学生学习积极性高，学习能力强，学习效果高，师生关系融洽，教师教育信念会更加坚定；反之，教师的教育信念则会呈现传统和消极倾向。

T3 老师：乡村的孩子多是留守儿童嘛！比如我们班的那个××，他的爸爸妈妈都没在身边，没人管，爷爷奶奶管呢，他又管不听，就自己不太自觉吧！

T5 老师：乡村孩子的学习，他们没有家长的辅导，也很少有家长监督，因为一般都是爷爷奶奶照看他们，所以就是很难。因为爷爷奶奶很溺爱孩子，而且使用微信的话，老人家也不太会用。

T8 老师：有时候，给学生讲了知识点以后，他们还是能接受，但是有一些学生可能基础不是很好，理解能力也不行，有时候会让我产生一种收效甚微的感觉。

从 T3、T5、T8 三位老师的访谈中不难发现，乡村小学生以留守儿童

142

---

① Thompson A. Teachers' conceptions of mathematics and mathematics teaching: Three case studies[D]. University of Georgia, 1982: 52-83.

居多，大部分是爷爷奶奶在照顾，他们缺少父母的陪伴，监管力度不够；学生接受能力不强，学习积极性也不是很高，这对于新手教师来说具有很大的挑战性，在无形之中动摇着教师的教育信念。而在学生管理这一方面，T1、T4、T7 三位老师都有着和"调皮学生"斗争的经历，一开始新手教师由于经验不足，往往很无奈，但是通过与有经验的老师交流、探讨，他们开始寻求方法解决，更新、改善自身的教育信念。

> T1 老师：刚入职的时候，有很多孩子给他说也不听，没有什么方法去动摇他们，后来问了许多老教师以及自己感悟之后，我有了很多方法去解决这些问题。

> T4 老师：有些孩子他特别皮特别不听话，然后你教育他，他还跟你唱反调，家长又不管，这个时候你真的很无奈。

> T7 老师：有那种讲也讲不听，打也打不得，骂也骂不听的孩子。上课时无视他，其他孩子不过分关注他，因为那个调皮的孩子很多时候是为了引起大家的注意，然后下课的时候呢，就把他叫到办公室来，面对一群老师，他一般就会怂了。

三、学校方面

Van den Berg（2002）指出深入地以微政治的观点研究教师很重要，他指出教师的意义建构并不完全由个人的因素决定，教师的发展也受学校的文化和作为情感领域的学校组织的微政治影响。学校环境条件对教师的信念、态度和情感有重要影响。[①]问卷调查结果和访谈也发现，学校的管理文化、学校教师群体文化和学校地域环境都会影响教师教育信念的建构。

（一）学校管理文化

学校管理文化包括对于各项规章制度、课程计划安排、校风建设等的管理，它强调"以人为本"的管理精神。学校在进行各项管理工作时，如

---

① Van den Berg R. Teachers' meanings regarding educational practice[J]. Review of Educational Research. 2002, 27(4): 577-625.

果总是专制独裁，过分剥削教师权利，加重教师的教学负担，必然会让教师对教书育人这份工作产生厌倦，对学校管理不满，严重影响教师的教育信念。

T4老师：目前我是班主任，每天的工作量都很大，忙得不行。学校经常开会，挤占我仅有的一点休息时间，真的很累！

T6老师：学校的管理方式不是很好，比较严格，迟到会扣钱，生病请假有时候需要自己找老师代课，还会被扣钱，这点不好。

T9老师：我们学校，平时的会议比较多，有时候会议上领导所讲的内容也不太符合实际，占了很多时间，教育局也总是来检查，要求我们交一些有的没的材料。

教师的工作量过大、管理制度不合理、缺乏人性化管理，这些问题都给新手教师造成了极大的挑战，动摇着他们的教育信念。

（二）学校教师群体文化

在学校集体中，教师群体之间的信念、态度、价值观等都会对教师个体的教育信念产生一定的影响。乡村小学新手教师正处于教学的起始阶段，缺乏经验但善于模仿学习，在日常教学工作中，其教学方法、教学行为的选择会受到其他教师的影响。教师群体之间互相交流、和谐友好的关系有助于新手教师坚定信念，更好地投入教学。

T3老师：我觉得我们办公室老师都很好，尤其是老教师，每次我遇到困难的时候，他们总会帮我支招，我感觉成长了很多。

T7老师：现在自己带一年级，办公室的老师年纪都差不多，比较有共同话题，大家周内一般在学校住，互相交流，关系还不错。

T8老师：第一年入职的时候，我们学校安排了指导老师带我们，让我们向他们学习，我的指导老师有点严格，但是我从她的身上学到了好多，她不忙的时候会来听我的课，给我提了很多有用的建议。

T3、T7、T8 三位老师所处学校中教师群体之间的关系很友好，他们在入职以后，都得到了老教师和办公室同事的帮助、指导，解决了他们在教学时遇到的困难，使得新手教师对于教学更有信心，信念也更加坚定。但并不是所有学校的教师群体文化都比较友好。

T2 老师：学校老师之间的关系比较普通，自己忙自己的，有时候得靠自己去摸索。

可以看到，T2 老师他们学校老师之间的交流较少，教师群体文化较为封闭、保守，互动性不够，影响着新手教师的教育信念。

（三）学校地域环境

乡村小学的地理位置较为偏僻，环境闭塞，条件也较差。新手教师在适应新环境、开展教学活动的过程中，各项活动的安排难免会受到限制，学校缺乏好的硬件设施，教师学习的机会、资源太少等都会给新手教师带来困扰。与此同时，新手教师还要面临婚姻等一系列问题，这些都会深深动摇新手教师的教育信念。

145

T3 老师：生活在乡村，我的相亲机会太少了，这阻碍了我个人追求自由和幸福的发展道路，这个因素曾经狠狠动摇过我坚守的信念。

T5 老师：在这里收入不高，老师之间的交流比较少，因此我还是很想去外地和其他更多优秀的老师交流一下，学习一下教学方法之类的。

T6 老师：虽然想要有更好的教学，但是那些资源你得不到、资源不够，而且外界对你的一些帮助也不太够，自身的专业发展比较受限制。

T9 老师：乡村小学的住宿条件较差，离家又远，工资也不高，培训机会少。

由此可见，收入低、住房条件差、教学资源匮乏、教学环境差、培训机会少、找对象困难等诸多难题困扰着新手教师，影响着教师的教学心态和教育信念。

四、家长方面

在教师的教学实践中，家长的教育价值观和期望会影响教师的教育信念。家长配不配合教师工作，对教师工作的支持力度如何，都会间接影响教师的教育活动，影响其教育信念的发展。

T1 老师：学生家长还是比较支持老师的工作，感觉他们比较崇拜老师，所以我也会认真地做好我的工作，不想辜负他们对我的期望。

T8 老师：学生家长对我的工作支持力度还是很大的，虽然我还只是一个很年轻的老师，但是他们也非常信任我，经常给我发微信咨询孩子的情况或者家庭教育的问题，交流多了对孩子的了解越多，实施教育也更有针对性、有效果。

T1、T8 两位老师的班级，家长积极配合教师开展工作，充分信任老师，有利于稳定新手教师的教育信念，使得教师更加有信心，家校联系也更加密切和谐。当然也有教师谈到，有些家长对教师工作的支持力度不够好，家校合作度低。

T7 老师：我觉得家长对老师的工作支持力度不大，他们更多地忙于生计或者说工作，比较忽视孩子的学习。有时想叫家长到学校里来就孩子的问题做一些交流，但家长就会推三阻四。有时是再三要求才会来，但来了后也都是很赶时间的那种，根本不会花太多的时间跟老师交流。面对这样的家长，让我觉得特别不好开展工作。

不同家长对于教师工作的支持力度是不同的。家长对孩子期望高，与学校老师交流多，有利于乡村小学新手教师坚定自己的本心，其教育信念也能得到提升。反之会加重教师与家长之间的隔阂，并动摇教师的教育信念。

总体来说，乡村小学新手教师的教育信念既受到教师个体成长经历、教学实践经验、个性特征、个体知识储备和家庭环境等教师层面因素的影响；还受到学校管理文化、学校教师群体文化和学校地域环境等学校层面因素的影响。同时，还深受家长和学生层面因素的影响。这说明乡村小学新手教师教育信念的变化是基于教师个体、任职学校及社会群体等组成的一个错综复杂的系统，这个系统对他们的教育信念产生着重要的影响。

第三节　乡村小学新手教师教育信念的养成策略

入职后的前五年是教师职业定向的关键期，也是新手教师教育信念养成的重要时期。从前面的调查结果来看，乡村小学新手教师教育信念虽然整体呈"发展"取向，但仍存在诸多问题。根据影响他们教育信念的因素，结合现有文献成果，提出养成乡村小学新手教师教育信念的策略，以提升和改善他们的教育信念，使他们能够坚守乡村教师岗位并成长为优秀教师。真正做到让乡村小学教师能够"留得住"和"教得好"，借助乡村教师的力量推动乡村教育发展，助力乡村振兴。

一、树立"反思实践者"的教师角色

杜威指出，反思是"对任何信念或假设的知识形式，根据支持它的基础和它趋于达到的进一步结论而进行的积极的、坚持不懈的和仔细的考虑"，它"包括这样一种有意识和自愿的努力，即在证据和理性的坚实基础上建立信念"[①]。教师信念的确立是以对教师个体行为及其教育教学实践的解释与评价的批判性反思为基础。通过实践性反思，不但可以帮助教师提高教育教学工作的自主性、目的性和创造性，而且还可以帮助他们在劳动中获得理性的升华和情感上的愉悦，体会到自己工作的价值和生命的意义，从而促进他们确立自己的教育信念。乡村小学新手教师反思的主要方式有以下几种。

---

① 约翰·杜威. 我们怎样思维·经验与教育[M]. 北京：人民教育出版社，1984：6.

（一）撰写反思日志

顾明远先生曾说过，教师反思运用最普遍的方法是反思日记。[①]反思日记是一种教师与自己进行对话的方式，写日记的过程也是教师对教学进行反思的过程，通过自己的撰写与分析，来激发自己进行批判的自我反思。反思日记有利于分析、认识、改变和超越自我，是一种促进自己专业发展的强有力的工具。教师反思的内容可以涉及工作中方方面面，如教学中可以反思"我的课前准备工作是否准备充足？""教学内容有没有与学生生活相联系？""我的教学方法是否恰当？""学生通过这堂课的学习有所收获吗？"在反思的过程中，新手教师要不断追问，不断发现问题，找出症结所在，改善、转变自己的教育理念，努力做到教育理念与教学行为相符合。反思日志的撰写一方面要求教师对一些有意义的具体细节和情境详细地叙述出来，另一方面还要把自己对事件的分析与思考呈现出来。通过这样的叙述与呈现，教师的传统教育信念进一步显露和澄清，而那些开放的教育信念得以建构和发展。

148

（二）开展反思对话

反思对话是通过与其他教师讨论交流的方式进行反思，追求的是多样见解的共享与共识，是一种教师集体进行教学反思的重要方式。森杰（Senger，1999）的研究让三位小学数学教师通过观看自己的教学录像带引发他们对自身信念和教学实践的反思和讨论，结果发现，这种方式帮助教师发现自己的教学信念对教学行为的影响，从而改变自己的教学行为和教学信念。[②]同事的思想和良好的建议也是教师专业发展的重要资源，开放性的对话和讨论会使每位教师的思想得到启迪，教学行为得以改善，教师信念得以重

① 顾明远，梁忠义. 世界教育大系·教师教育[Z]. 吉林：吉林教育出版社，2000：95.

② Senger E. Relfective reform in mathematics: The recursive nature of teacher change[J]. Educational Studies in mathematics, 1999, 37(3): 199-221.

塑，因此，学校要特别注意营造一种良好的对话情境，以支持、促进教师专业发展。

（三）教育行动研究

教师信念是教师行为的隐性向导，教师行为是教师信念的显性表现，二者之间相互影响、相互作用。教师信念变革应该基于"教学实践转换—教师行为更新—学生学习结果变化—教师信念变革"这样一个发展历程。[①]教育行动研究就是让教师以自身的教学实践为依托，不断采取行动并观测反思行动效果以改进实践的研究方式。教师通过教育行动研究，转换教学实践，尝试新的教学行为，并不断反思以取得实效。反思自然会涉及隐含在教师教学实践中的一些教育信念。如果发现自己的信念已不够合理甚至已显落后，那么，教师就有必要对相应的信念进行质疑，并软化相应信念，将其一般化，直至将其从个人信念系统中清除。[②]当教师清除了不合理的信念，或在现有不合理的信念的基础上产生了新的信念，进而尝试新的教学行为并取得实效，教师就建立了新的信念系统。

二、建立温馨和谐的乡村学校文化

149

学校文化是教师教育信念的温床，教师教育信念和教学行为不可避免地会受到学校环境中的观念、期望以及学校管理方式的影响。学校管理制度、同事之间的人际关系和学科组之间的教学实践风格也会以潜在的方式影响或同化教师的教育信念。问卷调查发现，学校环境与教师教育信念具有显著相关性。在访谈时，多数老师提到学校环境对其自身教育信念的影响。建构一种蕴含和谐与幸福的乡村学校文化是乡村小学新手教师生成新的教育信念和教学实践的重要策略。塑造学校文化是一项复杂的系统工程，需要从多个层面展开。

---

① 肖正德. 基于教师发展的教师信念：意蕴阐释与实践建构[J]. 教育研究，2013（6）：86-92.

② 肖正德. 教师概论[M]. 杭州：浙江大学出版社，2013：220.

（一）优化学校管理制度

乡村小学管理层通过制度建设赋予新教师教育教学改革的权利。考虑到新手教师需要更多的岗位适应时间，应该减少新手教师事务性工作，保证新教师有较为充分的时间钻研教材、了解学生、研究教法，有足够的时间反思自己的教学工作和调试自己的心理压力。很多研究都已明确指出，当教师亲自观察到一种不同于自己的教学方式究竟如何，并且亲自观察到这种教学方式所产生的效果往往会令人兴奋不已，这种情境会对教师根深蒂固的教育信念产生真正的触动和巨大的冲击，教师的教育信念才有可能真正转变，从而教师的教学实践才能真正改变。[①]因此，乡村小学还应创造条件为新教师提供观察资深教师教学的机会，并让教师之间集体备课、鼓励同伴教师间组织业务交流和沟通，以促进新手教师教育信念的外显和优化。

（二）加强同伴互助，构建学习共同体

教师同伴构成了教师教学实践活动的互动基础，当教师间有充分的时间彼此互动交流，并且在探究新的教学方法、新的教育信念时彼此互助、相互支持，这对教师教育信念的转变与教学实践的改进是非常重要，也是非常必要的。操太圣、卢乃桂认为教师要在学校环境里处理复杂而又迫切的教学问题，教师间的合作和共同解决问题非常重要。[②]因此，乡村小学领导者在组织和时间的安排上要加强教师同伴互助，构建形成共同信念、共同目标的教师学习共同体。这要求学校一方面要让新教师能和经验丰富的老教师一起解决教育教学中的问题，定期举办全校性、跨年级、跨学科的教学观摩，让教师有机会欣赏和领略到其他教师的教学策略，并进一步检讨改进自己的教学。另一方面要给新教师提供与其他学校或其他地区教师交流的机会，如参加学术交流会、教师进修培训等，使教师能不断更新理念，丰富教学策略，在不断的对话、观察、模仿中促使教师信念的转变。

---

① 马海永. 小学教师教育信念现状[D]. 上海：华东师范大学，2009：62.
② 操太圣，卢乃桂. 抗拒和合作：课程改革情境下的教师改变[J]. 课程·教材·教法. 2003，（1）：71-75.

要让新教师和老教师走到一起，抱定同济互助、共同发展的信念，大家将在教育教学工作中的困惑和感悟呈现出来，将个体的教育教学经验和实践智慧外显出来，与团队成员共享，有效达成学习目标，从而促使包括新教师在内的所有教师的共同发展。

（三）重视新教师培训

新教师初入职场，对乡村教育环境是比较疏离的，对乡村小学的教育教学工作也比较陌生，存在很多的困惑。因此，加强新教师培训是一种有效的培养乡村小学教师教育信念的培养模式。需要特别指出的是，新教师培训应将培训目标直接指向教师的工作和学校的发展，强调教师的参与意识和自我教育能力；注重新教师自身经验的总结、个人兴趣的发展，探讨、解决新教师在教育实践中的具体问题，以提高新教师的教学效果。建议采用课题研究、临床诊断、案例教学等方式培训知识。当然，更重要的是让教师学会反思教学实践背后隐藏的深层观念和思想。思考为什么要那样做，那样做意味着什么，反映了什么样的价值观和信念。①

三、重视职前教育信念的培养

151

对于乡村小学新手教师而言，他们大多经历了较长时间的师范专业教育，且刚刚踏出师范院校的大门。因此，在入职的前五年内，他们很可能把自身在师范院校构建的教育信念置入到新的岗位中践行。从调查的结果来看，新手教师的求学经验对他们教育信念的养成具有一定的影响。师范院校作为培养乡村小学师资力量的重要机构，其作用不可忽视。师范教育应该从哪些方面去培养准教师们开放的教育信念呢？

（一）重视师范生"全人"观念的培养

教育的使命是让学生健康快乐地成长和幸福地生活。②师范生对教育的

---

① 李家黎. 教师信念的文化研究[D]. 重庆：西南大学，2009：112.
② 马海永. 小学教师教育信念现状研究[D]. 上海：华东师范大学，2009：64.

理解不能像学科知识那样经由教师讲授和外部灌输获取，需要师范生自身经历和体验才能真正明白教育的使命。这就要求师范院校在培养师范生的过程中，要充分尊重师范生的生命、体现师范生的主体性，构建民主、平等与和谐的师生关系，体会到教育对人的尊重和教育使命。

（二）培养师范生自我教育意识

在教育信念的形成过程中，教师并不完全是被动接受和适应现实环境，而是常常会主动选择甚至创造现实环境。因此，师范院校应该培养学生的自我教育意识和能力，让他们能够清晰地意识到哪些教育信念应该坚守。前期的调查中发现，师范生入职初期时往往遭遇到所学教育理论与实践冲突的问题，那些自我意识强烈的教师不会轻易地向现实环境妥协，他们会坚定选择自己心中认定的教育理论。

（三）着意教师职业情意的培养

兴趣是最好的老师，新手教师只有真正对这份职业产生了兴趣，才会深入学习教育理论知识，形成理论框架，热爱教师这份职业。因此，师范院校在培养过程中要关注师范生职业情意的培养，让他们在踏入新岗位之前就对乡村小学教师职业产生认同和热爱，即使面对比较艰苦的乡村学校环境，也能坚定自己内心的信念，坚守岗位，坚定从教乡村。

（四）增加文化与哲学教育课程

博尔诺夫说，"如果不能产生真正的、触及人心灵深处的、改变其全部生活的遭遇，那么所有的文化知识都不起作用，所以也都无关紧要了"。[①]因此，师范院校应增加文化类和哲学类课程，引导学生理解民族文化传统的精髓，深度感悟乡村乡土文化，在对人生、价值和世界的哲学拷问中树立正确的三观，塑造健全完善的人格。

---

① O. F. 博尔诺夫. 教育人类学[M]. 李其龙，译. 上海：华东师范大学出版社，1999：61.

（五）强化实践教学多样效果

教育理论具有很强的实践性。在师范院校所学的教育理论，师范生只有经过实际的实践教学才能真正体会和领悟。如果师范生所学的教育理论能够促进教学实践的积极变化，教育理论会转变成为他们的教育信念。因此，师范院校要合理安排教育见习，增加见习的次数、时间，让新手教师能够真正进入小学课堂，学习他人的管理经验、教学方法，为以后的教学工作打下基础，促进教师教育信念的形成和发展。除此之外，师范院校可以通过常态化的实践教学活动，如优秀教师讲座、微型课、教师技能大赛等，深化师范生的教育理念，提升他们的专业素养。

四、加大政府对乡村小学教师的支持力度

从问卷调查和访谈可以看出，乡村小学的教育经费短缺，教师的工资待遇也不是很好，这深深影响着新教师的教育信念。因此建议政府加大对乡村小学教育的支持力度，改进乡村小学的办学条件和教师工资待遇。具体表现为：第一，地方教育部门要落实各级政府出台的关于加强乡村学校和乡村教师队伍建设的文件精神，加大对乡村小学教育的投入，优化调整结构，努力实现教育资源的合理分配，为乡村小学的发展创造更多的机会和资源，用具体行动改善并提高乡村小学质量，稳定乡村小学新教师的教育信念。第二，地方教育部门要合理安排师资配置，出台相应政策，吸引更多的男教师加入教师队伍，缓解乡村小学男女教师比例失衡的现象，构建性别比例适宜的乡村小学教师队伍，一方面为乡村小学教育注入阳刚之气，另一方面也可以缓解乡村女教师找对象难的问题，这对稳定乡村教师队伍具有重要意义。

153

第五章
乡村小学优秀教师的教育信念

　　乡村振兴既是乡村人才的振兴，也是乡村教育的振兴。优秀的乡村教师为乡村地区培养基础人才，是实现乡村教育振兴和乡村人才振兴的关键力量。长期以来，乡村教师身处相对偏远的乡村地区，生活与教学环境比较艰苦，待遇比较低，生活压力比较大。尽管近年来国家和相关部门纷纷出台相应的举措，但受诸多因素的影响，乡村教师的难题并未从根本上得到有效解决。教育的难点仍然在乡村，师资的困难仍然是在乡村教师尤其是乡村小学教师方面。尽管如此，乡村小学教师岗位上仍然有一大批优秀的教师，他们坚持职业操守，坚守岗位，努力提升自己的专业水平，用自己的智慧和力量引领着无数乡村孩子实现自己的梦想。教师的教育信念是指导教师教育工作逻辑决策的内在认知系统，支配着教师的教育行为。究竟是怎样的教育信念鼓舞着新一代乡村小学教师在乡村教师岗位上甘之如饴？是怎样的特质让一批又一批的乡村小学教师扎根乡村教育，十年如一日地默默坚守和付出？笔者选择了新生代乡村小学优秀教师和民族地区乡村小学优秀教师两个群体进行研究，以期反映出乡村小学教师队伍的教育信念图像。

第一节　新生代乡村小学优秀教师的教育信念特征

　　随着《乡村教师支持计划（2015—2020）》和《关于加强新时代乡村教师队伍建设的意见》等文件的推行，国家和社会对乡村教育的关注度越来越高，80后新生代乡村小学教师逐渐成为乡村教育的主力军。新生代乡村小学教师的教育信念对乡村小学教育的发展与振兴起着关键的作用。笔者以新生代乡村小学优秀教师为研究对象，选择 2015 到 2019 届"最美乡村教师奖"80 后获奖教师为研究样本，借助 Nvivo 软件和扎根理论的质性研究方法，将收集到的文本资料进行概念化、类属化和核心化三级编码过程，从而找到故事性材料中的核心类属概念，探究新生代乡村小学优秀教师教育信念的结构及特征。

一、问题提出

在党的十九大报告中，习近平总书记指出要"高度重视农村义务教育"。发展乡村教育，其关键在于乡村教师。与城市教师相比较，乡村教师面临着更多的困难，比如交通不便、学习资源稀缺、工作环境艰苦等，只有在坚定且合理的教育信念的支撑下，乡村教师才能够坚守岗位、专心从教，获得教师幸福感和成就感。因此，关注乡村小学教师教育信念的结构和特征，有助于广大一线乡村小学教师建立坚定且科学的教育信念，推动乡村教育的发展，促进乡村振兴。随着公费师范生培养政策和特岗教师计划的实施，越来越多的年轻人投入乡村小学教师队伍行列，其中 80 后（即 1980 年以后出生的）乡村小学教师在乡村教师队伍中的比重正在不断增加。学界一般把 80 后乡村小学教师界定为新生代乡村小学教师。越来越多的新生代教师投身乡村小学教育中，渐渐成为乡村小学教育的中流砥柱。与传统教师相比，新生代乡村教师的独特性表现在其身份背景、教育背景及价值观念等方面。基于这些方面的差异，其形成的教育信念也具有独特性。因此，了解乡村小学优秀教师的教育信念有必要首先挖掘和了解新生代乡村小学优秀教师的教育信念特征，为广大乡村小学在职教师尤其是新进教师教育信念的发展指明方向。

155

二、研究设计

（一）研究对象的选取

笔者的研究对象是新生代乡村小学优秀教师，根据研究对象筛选了

2015 年到 2019 年连续 5 届获"最美乡村教师奖"的 80 后乡村小学教师。通过筛选共获取了 171 名新生代乡村小学优秀教师名单，并通过网络检索的方式多渠道、多平台收集这 171 名教师的教育素材（包括他们自己所撰写的教育故事和媒体对他们的报道等）作为研究文本进行分析，通过对这些素材的质性分析揭示他们的教育信念结构及其特征。初步浏览 171 名教师的教育素材，发现其中有 82 名获奖教师故事性素材较少，89 名教师故事性素材比较充足。

（二）基于扎根理论的质性研究方法

本研究借助 Nvivo 质性分析软件，采用扎根理论三级编码的资料分析方法，对收集到的"最美乡村教师奖"中 171 位获奖教师的教育故事素材资料进行比较和分析。编码过程中首先尽可能多地挖掘文本的原始概念，然后对概念进行充分比较，为每一个概念类属找到属性形成初级范畴。进而将有关的概念类属与它们的属性进行整合、比较，寻找它们之间的关系，进一步抽象将其类属化得到主范畴。最后通过对范畴之间的关联比较找到隐含其中的核心类质，从而构建出新生代乡村小学优秀教师教育信念的结构。

（三）数据收集

本研究的数据及素材主要来源于各大媒体网站和地方的官方报道所提供的关于"最美乡村教师奖"获奖教师的事迹报道、采访和视频材料等。这些网络平台一般都有较高的知名度，部分是地方官方报道，其可信度都较高，具有较好的参考和分析价值。对收集到的材料进行筛选，最终收集到文本、视频和音频材料一共 148 篇。

三、数据编码与分析

（一）开放性编码

三级编码过程是扎根理论研究的核心，它的第一步是开放性编码。开放性编码是一个把收集到的原始材料进行分析并结合自身经验和理论水平赋予概念，然后再归纳概念，形成范畴的操作化过程。开放性编码的基本操作步骤为：提取资料—贴标签—概念化—范畴化。本研究借助 Nvivo 软件，对收集到的原始资料进行编码。

1. 贴标签

通过对原始材料中出现的，能够体现新生代乡村小学教师教育信念的相关词句进行标注，用本土化的语言简化提炼，形成节点，例如：开阔学生的眼界、亲身体会求学路之艰难、让孩子们走出大山等节点（具体示例如下）。通过贴标签，共产生了 1458 个标签（即参考点数），但将相同或相似信息的标签归为一个节点，归并后共得到 475 个自由节点。

素材 1："跟随爷爷奶奶在农村生活，父母双方或一方在外地打工或工作，原来我自己就是留守儿童啊！"梁老师心想，那图画中的孩子不是别人，其实就是自己。（贴标签：自己曾是留守儿童，希望能帮助更多的乡村孩子）2007 年 10 月，英语专业毕业的梁老师辞去了北京的工作，回到了家乡甘肃陇南。"小时候就有当老师的梦想，看到公益广告里的留守儿童，好像一下子被唤醒，我要回去当老师。"梁老师说道。（贴标签：为师的梦想被唤醒，辞职回家乡当老师）

素材 2：土登老师说道，老师和同学们也保持着亦师亦友的关系，课余时间常会下下象棋。这也是莫丁村小教学质量比较高的原因，孩子们都带着兴趣在学习。（贴标签：亦师亦友的师生关系，丰富学生课余生活促进质量；孩子们学习需要兴趣）

素材 3："以前的梦想是周游世界，如今当了山区乡村教师，可能没有机会了。"丁老师说，今后的梦想就是通过自己的努力，能够点燃学生们的梦想，让他们知道"世界那么大，我想去看看！"（贴标签：努力点燃学生的梦想，让学生看到更远的世界）

素材 4：回到学校后，为了让孩子有家的感觉。吃饭时，他会像阿爸一样叮嘱孩子们，通过对孩子们教育陪伴、悉心照顾，在孩子们的

157

心中桑老师已不仅仅是他们的老师了，在孩子们的心中桑老师就是他们的亲"阿爸"。（贴标签：像阿爸一样教育陪伴孩子）

2. 概念化

将第一步"贴标签"所得的 475 个自由节点进一步概括，将描述同一内容或相似内容的节点合并，例如："陪伴学生"和"陪伴学生成长"这两个节点明显指的是同一内容，于是合并到"陪伴学生"；"帮助学生"和"帮助学生得到社会援助"合并为"帮助学生"；"关心照顾学生""关注学生"和"关注留守儿童"统一归类为"关爱学生"；"提升改善教学"和"创新教学"合并为"钻研教学"；"坚持学习"和"提升自我"合并成"提高自身专业水平"；"家人的鼓励"和"家人的开导"合并为"家人的鼓励与支持"等。然后删除与教师教育信念主题研究无关的节点，如"儿子与病魔抗争"，这些节点虽然是教师生活中的经历，但是更多的是对其家庭现状的描述，比较个性化，不具有普遍性，综合考虑下来将其删除。经过层层筛选，一共得到 143 个概念（详见表 5-1-2 中的概念名称）。

3. 范畴化

进一步对 143 个概念进行抽象概括，寻找到其中的相似点，将其归属到更高层的树状节点中，获得初级范畴，如"爱的教育""教育是爱心和责任""教育是种享受"这三个概念节点，通过寻找它们之间的关联，发现它们所体现的都是教师对于教育特点所持有的认识和观点，因此，将这些概念节点归纳为"对教育特点的认识"范畴。通过范畴化最后得到了 23 个概念范畴，分别是：个体特征、教育理解、职业情感、乡村教育价值观、职业价值观、教育学生行为、实现自我、教学行为、外部影响、工作环境、工作特点、家庭因素、教育成就、教师地位认知、教师角色认知、教师职业道德、教育目标、看待学生、个体收获、职业行为、具体学科教学行为、学科倾向、学科教学目标。为了便于识别，用"A+数字"的代码形式表达（具体编码结果详见表 5-1-1）。

表 5-1-1　开放性编码结果统计

概念名称	初级范畴名称	参考点数
真诚、吃苦耐劳、独立、坚持、乐于助人、默默无闻、努力、认真负责、善良勤奋热情、勇敢直前	个体特征 A01	45
爱的教育、教育是爱心和责任、教育是种享受、寓教于乐	教育理解 A02	55
不舍、成就感、感动欣慰、坚定乐观的态度、共情、快乐充实、使命感、同情、幸福感、责任感、自豪感、对乡村教育的美好期望、热爱乡村教育、坚定做教师的信念	职业情感 A03	185
帮助学生实现梦想、开阔学生的眼界、让更多人关注乡村教育、让孩子们走出大山、让孩子们有快乐童年、让每个孩子接受理想的教育、让农村孩子有更好的未来、为学生的身心发展、引导学生走向正途、知识改变学生命运、积极的乡村教育精神、为农村教育带来活力	乡村教育价值观 A04	89
传递正能量、改善乡村落后面貌、改善落后的乡村教育、民族文化的传承、实现自我价值、用自己绵薄的力量守护学生	职业价值观 A05	56
帮助学生获得社会援助、搭建平台让学生看世界、发起爱心活动、关注学生的独特性、看到学生潜力、理解学生、辅导学生、耐心劝导学生、陪伴学生、平等对待学生、了解学生、照顾学生	教育学生行为 A06	61
坚守的承诺、感恩回报、教书育人的梦想、心灵的震撼	实现自我 A07	89
复式教学、加强家校沟通、组织特色班级活动、成立兴趣小组、创新教学模式、钻研教学、认真做好教学工作	教学行为 A08	85
淳朴的乡情、村民的爱戴和挽留、代课经历的影响、得到认可、更多学习交流渠道、公益广告唤起教师梦、他人的关爱、家长信任、教育的传承和接力、孝心、学生求学的渴望、学生善良朴实、学生需要	外部影响 A09	123

续表

概念名称	初级范畴名称	参考点数
教学环境差、生活条件艰苦、位置偏远、物资匮乏、娱乐活动单一	工作环境 A10	48
村民对教育不重视、关心学生学习、教学任务重、教学资源欠缺、文化教育事业发展缓慢、学生家庭问题大、以校为家、与家人聚少离多、需要照顾学生生活	工作特点 A11	89
对亲人的愧疚、家人不理解支持、家人理解支持、家人的影响、家人朋友的担忧、家庭条件不优越	家庭因素 A12	53
出色的教学成绩、改变村民对教育的态度、改善了辍学现象、改善了对乡村教师的偏见、改善了学校落后的环境、获得奖项、学生成长	教育成就 A13	59
在学生心中有分量、在村民中有威信	教师地位认知 A14	18
多重身份、良师益友	教师角色认知 A15	48
不忘初心、淡泊名利、坚定从教、严于律己	教师职业道德 A16	41
多方面培养学生、培养学生品格、学以致用、一切为学生、立德树人、用人格和知识影响学生	教育目标 A17	40
爱生如子、不辜负每一个学生、为学生着想、尊重学生	看待学生 A18	74
教育观念的转变、思想变成熟、自身专业水平提高	个体收获 A19	47
坚守在教育一线、努力成长和蜕变、无私奉献、不畏病魔，坚守讲台	职业行为 A20	60
创设特色读书角、借助音乐教英语、利用自身特长创新美术教学、培养学生阅读写作	具体学科教学行为 A21	43
对英语的热爱、喜爱阅读的初衷、学习美术的兴趣	学科倾向 A22	19
帮助学生丰富知识、创新阅读教学	学科教学目标 A23	31

（二）主轴编码

通过深入分析 23 个初级范畴之间的关系，包括因果关系、对等关系、类型关系等关系，进一步抽象将其类属化得到主范畴，如"教师地位""教师角色"和"职业价值观"都反映的是教师对乡村小学教师这份职业的认知和理解，可以合并为"教师职业观"；"乡村教育价值观""教育目标"和"教育理解"都反映的是教师对教育工作的整体理解，可以合并为"教育观"；"看待学生"反映的是教师对学生的看法，命名为"学生观"；"学科倾向"和"学科教学目标"反映的都是教师对学科教学的看法和理解，合并为"学科教学观"；"个体收获""实现自我""教师职业道德"和"职业情感"都是驱动教师选择成为乡村小学教师并成长为优秀教师的来自教师个体自身的因素，合并为"教师个体内部驱动"。经过类属化的过程，最终得到 11 个主范畴：教师职业观、教育观、学生观、学科教学观、一般教育教学行为、学科教学行为、外部驱动、教师个体内部驱动、工作背景、家庭背景和个性特征。为了便于识别，用"B+数字"的代码形式表达（具体编码详见表 5-1-2）。

161

表 5-1-2　主轴编码结果统计

主范畴	初级范畴	参考点数
教师职业观 B01	教师地位 A14	18
	教师角色 A15	48
	职业价值观 A05	56
教育观 B02	乡村教育价值观 A04	89
	教育目标 A17	40
	教育理解 A02	55
学生观 B03	看待学生 A18	74
学科教学观 B04	学科倾向 A22	19
	学科教学目标 A23	31

续表

主范畴	初级范畴	参考点数
一般教育教学行为 B05	教育学生行为 A06	61
	职业行为 A20	60
	教学行为 A08	85
学科教学行为 B06	具体学科教学行为 A21	43
外部驱动 B07	教育成就 A13	59
	外部影响 A09	123
教师个体内部驱动 B08	实现自我 A07	89
	个体收获 A19	47
	教师职业道德 A16	41
	职业情感 A03	185
工作背景 B09	工作环境 A10	48
	工作特点 A11	89
家庭背景 B10	家庭因素 A12	53
个性品质 B11	个体特征 A01	45

（三）选择性编码

选择性编码是结合研究问题和研究目的，通过对范畴之间的关联比较，找到已有范畴中的核心类属，建立起能够涵盖整个分析的概念范畴。核心类属在所有范畴中占据中心位置，并很容易与其他范畴发生关联，如"教师职业观""教育观""学生观"和"学科教学观"都是教师对教育教学工作的观念认知，因此抽象为"教师观念"；"一般教育教学行为"和"学科教学行为"都是教师教学行为的体现，因此抽象为"教师行为表现"；"外部驱动"是指教师以外驱动教师教育教学行为的因素，"教师个体内部驱动"是指教师个体驱动自身教育教学行为的内部因素，这两者都是属于驱动教师行为的因素，因此命名为"行为动机"；"家庭背景""工作背景"和"个性品质"都是影响教师教育行为和教育观念的背景因素，因此将三者抽象为"决策背景"。经过选择编码将主范畴核心化，最终得到 4 个核心类属，分别是：教师观念、教师行为表现、行为动机和决策背景。为了便于识别，用"C+数字"的代码形式表达（具体编码详见表 5-1-3）。

表 5-1-3　选择性编码结果统计

核心类属	主范畴	参考点数
教师观念 C01	教师职业观 B01	122
	教育观 B02	184
	学生观 B03	74
	学科教学观 B04	50
教师行为表现 C02	一般教育教学行为 B05	206
	学科教学行为 B06	43
行为动机 C03	外部驱动 B07	182
	教师个体内部驱动 B08	362
决策背景 C04	工作背景 B09	137
	家庭背景 B10	53
	个性品质 B11	45

四、研究发现：新生代乡村小学优秀教师教育信念的基本特征

基于扎根理论的三级编码方式，借助 Nvivo 质性分析软件，对收集到的新生代乡村小学优秀教师的资料分析发现：新生代乡村小学优秀教师的教育信念由 4 大类一级要素（即核心类属）、11 个二级要素（即主范畴）和 23 个三级要素（即初级范畴）构成。通过对主轴性编码形成的主范畴和选择编码后形成的核心类属在整个节点中的占比和参考点数进行统计分析，明确了新生代乡村小学优秀教师教育信念结构的构成维度及其重要程度（具体数据见表 5-1-4）。

表 5-1-4　新生代乡村小学优秀教师教育信念结构统计

核心类属	主范畴	参考点数	占　比	总占比
教师观念 C01	教师职业观 B01	122	8.37%	29.42%
	教育观 B02	184	12.62%	
	学生观 B03	74	5%	
	学科教学观 B04	50	3.43 %	
教师行为表现 C02	一般教育教学行为 B05	206	14.13%	17.08%
	学科教学行为 B06	43	2.95%	
行为动机 C03	外部驱动 B07	182	12.48%	37.31%
	教师个体内部驱动 B08	362	24.83%	
决策背景 C04	工作背景 B09	137	9.40%	16.12%
	家庭背景 B10	53	3.63%	
	个性品质 B11	45	3.09%	

（一）教师观念

教师观念反映着新生代乡村小学教师对教育、教师职业、学生及学科教学的认识、看法和感受，包括了教师职业观、教育观、学生观和学科教学观。教师观念是新生代乡村小学教师教育信念在观念层面的具体体现。笔者在编码分析及概念的提取过程中发现，在以上四个核心类属中，新生代乡村小学教师的教师观念处于起点和最高点的位置，它决定着新生代乡村小学教师的行为表现和扎根乡村小学从教的行为动机。在教师教育信念结构系统中占比很重，为 29.42%。只有教师对教育和教师本身有正确积极的认识才能够产生积极正确的教育信念，从而坚定教师扎根乡村小学的教育行为。

1. 新生代乡村优秀小学教师的教师职业观

新生代乡村小学教师对乡村小学教师职业的认知整体呈现出"开放"取向，在他们看来，这份职业不仅具有能够"传递正能量""改善乡村落后面貌""改善落后的乡村教育"和"民族文化的传承"的社会价值，同时也能"实现自我价值"。可见他们深深地感受到了乡村小学教师职业的价值和力量并根植于内心，总是用自己的力量去守护学生，做学生的良师益友。即使这份力量对于整个乡村教育和乡村振兴而言是微薄的，但他们仍然坚守岗位、坚定从教。这样的信念同时也让他们赢得了尊重和认同。"在学生心中有分量"和"在村民中有威信"是他们对自身职业地位的评价和认同。

2. 新生代乡村优秀小学教师的教育观

新生代乡村小学教师内心充满了对乡村教育的美好期待，他们深深认同乡村小学教育的价值，认为乡村小学教育不仅可以"帮助学生实现梦想""让孩子们走出大山""让农村孩子有更好的未来"，而且可以"让孩子们有快乐童年""引导学生走向正途""有利于学生的身心发展"，还可以促进乡村发展和乡村振兴，如"改变学生的命运""为农村教育带来活力""传承积极的乡村精神"等。对乡村小学教育的美好期待怎样实现呢？当然必须通过乡村教育。该实施怎样的教育呢？新生代乡村小学教师们把乡村小学教育理解为"爱的教育"；教育应该是"爱心和责任"，还应该是"一种享受"，在教育的过程中要"寓教于乐"，收获快乐。通过这样的乡村小学教育，才能达成"多方面培养学生"和"培养学生品格"以及"学以致用"的教育目标，才能真正立德树人，实现乡村小学教育的价值。

165

3. 新生代乡村优秀小学教师的学生观

新生代乡村优秀小学教师内心充满了对学生的爱，他们大多把学生看成是自己的孩子一样去呵护他们成长，认为每一个孩子都期待和需要老师的关爱，"每一个孩子都是具有独特个性的个体"，期待和需要老师的尊重。通过这些话语可以发现，这些教师都具有"以生为本"的学生观，尊重每一个孩子，关爱每一个孩子。

4. 新生代乡村优秀小学教师的学科教学观

学科教学观是教师对学科教学的看法和认识，是教师教育信念在具体学科教学中的反映及延伸。新生代乡村优秀小学教师内心对学科教学有着自己独特的认识。由于乡村小学大多是小规模学校，学生人数少、学科教师配备不齐全，即使有一些老师兼教多门课程，仍然会出现诸如英语、音体美等小学科无人承担的局面。但新生代乡村优秀小学教师勇于承担甚至主动开设这些小学科课程，有老师说道：

> 我喜欢学习美术，因此我在学校会尽力给学生开设美术课程，也会在自己的语文课程中融入美育的内容，开拓学生的视野，丰富学生的生活。

> 因为我喜爱阅读，因此我总是引导学生去阅读一些好的课外书籍，重视学生阅读习惯的培养。

可见，他们不是从单一学科而是从多个学科的角度理解小学学科教学。

需要特别指出的是，一般的教育信念研究中，学科教学信念所占比例一般比较大，如赵昌木教授提到教师信念结构中包含了学科内容和自我学习的信念。[①]然而在笔者的研究中，学科教学信念占比为 3.43%，在教师信念结构中占比最低。学科教学信念为何会出现与其他学者不一致的结果呢？可能主要是受到以下两个方面的影响：第一，与所选取的研究样本有关。"最美乡村教师奖"设立的初衷是弘扬乡村教师的师德，鼓励教师创新进取的教育实践，因此它更加看重教师所体现的优秀品质和值得人敬佩的教育教学行为，所以无论是媒体对乡村小学优秀教师的报道，还是乡村小学优秀教师的自荐材料，会更多地贴近评奖的标准与要求。第二，乡村小学的布局决定乡村小学教师多学科教学特点。由于乡村小学的布局要考虑到学生入学的方便，因此仍然存在大量的乡村小规模学校。由于学生人数少，根据国家的师生比规定，难以按照学科来配备教师，很多优秀教师都是身兼数职，承担多门学科的教学。因此在思考自身教育信念时，往往不会只关注对单一学科的教学认识，而会更加侧重自身整体的教育教学行为、

---

① 赵昌木. 论教师信念[J]. 当代教育科学，2004（09）：11-14.

自身优势以及他们对学生的态度及行为表现，这也就导致学科教学信念这一核心类属在整个教育信念结构中占比不高。

（二）教师行为表现

教师的行为表现是教师教育信念在实践中的直接体现和行为表征，透过教师的行为表现可以更好地挖掘教师的教育信念。通过调查发现，教师的行为表现占比17.08%，包括一般教育教学行为和学科教学行为。

1. 一般教育教学行为

由于教师的教育信念常常作为"内隐的理论"根植于各种具体的教学实践中，因此教师对教师职业和教育教学工作坚定不移的看法和认识往往会潜移默化地反应在他们常规的教育教学实践工作中。如持有"每个乡村小学生都是一个独特个体"学生信念的教师，在教育教学工作中会更倾向于尊重每一个学生的个性与需求，根据每个学生的特点因材施教。持有"学生如同自己的孩子需要用心教育"学生信念的教师，在教育教学工作中会像父母一样关心孩子的成长。

167

素材5：回到学校后，为了让孩子有家的感觉。吃饭时，他会像阿爸一样叮嘱孩子们，通过对孩子们教育陪伴、悉心照顾，在孩子们的心中桑老师已不仅仅是他们的老师了，在孩子们的心中桑老师就是他们的亲"阿爸"。课余他常常去孩子家中了解孩子的生活和成长历程。经过11年、上万公里"长征路"，他跑熟了千家万户，成为那个"家家的狗都认识的小伙子"。谈到为何要艰难跋涉前去家访时，桑老师笑着说："我是他们的阿爸呀。"

素材6：2011年9月，为了帮助全乡7所完小近2 000名孩子解决冬天穿衣的问题，白老师多方奔走求助，拉回了爱心人士捐赠的3 000多件衣服和2500多双鞋子。同时白老师还带动大家通过各种渠道，争取外界对乡村小学的支持，如在白老师的影响下，普校长也加入了争取到上海真爱梦想基金的20万元捐赠，在学校建成了一间"梦想教室"，让山里娃体验到了现代教学充满欢乐的场景，打开了心灵的窗口，放飞了人生的梦想。

素材 5 中的桑老师每天悉心照顾每个孩子，叮嘱他们吃好饭，给孩子们的学校生活营造出"家"的温馨。为加强家校沟通，他还常常利用课余时间去家访，即使路途艰辛他也不曾放弃，这些行为都反映出他秉持"孩子就如同自己的孩子一样"的学生信念。素材 6 中的白老师不仅用心教好学生，而且还努力为学生创造更好的生活条件和学习环境。他通过身体力行和示范引领改善了学生的生活条件和学习环境，说明他内心一直秉持着"爱的教育"信念。因此，新生代乡村小学优秀教师日常的教育教学行为能够诠释出他们内心坚定的教育信念。

2. 学科教学行为

新生代乡村小学优秀教师对学科教学的认识影响他们的学科教学行为。如果一位教师坚信阅读对于乡村小学生的价值，那么她不仅会在自己的课堂中不断地渗透阅读的重要性，而且还会创造条件和组织活动来鼓励学生阅读，提高学生的阅读兴趣，培养学生的阅读习惯。

素材 7：刘老师说"面对乡村相对匮乏的文化资源，书籍是她和孩子们最为平价和高效的营养品"。自从 2017 年起，她开始奔走在各类公益机构间，为班级和学校募集书籍。为了能更好地利用书籍，她带领全校师生坚持开展以"读、诵、集、习、践"为一体的常规阅读活动。同时也开展了主题读书节、朋辈阅读和班级特色图书角打造等特色读书活动。为了能够把读书活动不断深化，她还带领学校里的几位青年教师成立了"阅读工作组"。工作组成立后，他们为学校的老师们打造了富有乡土气息的教师阅读工作室，利用休息时间为孩子们筛选书籍，指导阅读，主编了学校"奋飞文化报"和"天空"阅读专刊，以此来记录师生们的读书成长故事。在"放下手机陪你阅读"的亲子共读活动中，他们让农村的家长们拿起了书本，和孩子们一起读书。很多家长还写下了感人的共读体会。

材料中的刘老师由于非常认同阅读对于乡村孩子的价值，认为书籍是乡村小学生最为高效也是最为平价的营养品，因此她一直致力于学生阅读兴趣和习惯的培养。她一方面通过募集书籍为学生创造阅读的条件；另一方面组织了包括常规阅读活动、特色读书活动、主编阅读专刊和亲子共读活动等读书写作活动。通过她的努力，学校的孩子们都喜欢上了阅读，爱上了写作。

（三）行为动机

行为动机是激发和维持个体行动并使行动导向某一目标的心理倾向或内部驱力。教师的行为动机很大程度上决定了教师扎根乡村的行为，是整个教育信念结构中，较为突出且重要的一部分。从调查结果来看，新生代乡村小学优秀教师的行为动机主要来源于两方面：教师个体内部驱动和外部驱动。其中，教师个体内部驱动主要是指教师自身驱动教师行为的动机，包括个体收获、自我实现、职业道德和职业情感等教师个体因素，总体占比 24.83%；外部驱动是指除教师自身之外的驱动教师行为的动机，包括教育成就和外部影响，总体占比 12.48%。从两者的占比来看，新生代乡村小学优秀教师的教育信念受教师个体内部驱动比较大，因此在教师教育工作中需要关注教师的内驱力。

169

1. 教师个体内部驱动

通过对研究对象的相关文本分析发现，新生代乡村小学优秀教师个体内部驱动包括四个方面：第一，浓厚的职业情感。新生代乡村小学优秀教师工作中常常能够体验到这份工作带给自己"成就感""幸福感""使命感""责任感"和"自豪感"，他们能感觉到作为一名乡村小学教师的快乐与充实，进一步激起了他们对乡村教育的美好期待和坚定乡村小学教师岗位的信念。第二，高尚的职业道德。新生代乡村小学优秀教师在教育教学实践中坚定从教信念，不忘自己当初为师的初心；面对乡村小学相对艰苦的环境和条件，他们能够淡泊名利且严于律己，体现了他们高尚的职业道德。

第三，丰富的个体收获。新生代乡村小学优秀教师在岗位上通过不断地历练让自身得到了很多收获，主要有教育观念的转变、思想的成熟化和自身专业水平的提升。他们感知到这份职业带给自己的成长，让他们更加认同这份职业能够让自己变得更优秀，从而使他们坚定本心继续前行。第四，实现自我。驱动新生代乡村小学教师选择乡村教师岗位并成长为优秀教师的另一个重要原因是他们想实现自我，可能是自己有教书育人的梦想，也可能是为了兑现当年的承诺，抑或是感恩回报曾经的老师接替其衣钵，甚至是为了回应因乡村孩子的淳朴而产生的内心震撼。

素材 8："我是大山里长大的怒族娃娃，山里的孩子爱读书，小时候我做梦都想看看外面的世界，看看北京天安门。在党的阳光雨露滋润下，我长大成人了，大学毕业后就只有一个梦想，那就是回到家乡教书，让山里的孩子都能读好书。"桑老师说。

因为切身体会过山里孩子求学路途的艰辛，了解山里孩子对求学的渴望，所以桑老师更能体会乡村教育对教师的需求以及山里娃的求学梦，所以他立志大学毕业后教书育人，在很大程度上，教书育人的梦想支撑着他坚守乡村教师岗位并努力成长为优秀的教师。

2. 外部驱动

除教师个体内部驱动外，还有很多外部因素会影响新生代乡村小学教师的教育信念。通过对研究对象的相关文本分析发现，新生代乡村小学优秀教师教育信念的外部驱动包括两个内容：第一，出色的教育成就。乡村小学教师在教育实践中获得的教育成就，来源包括学生的成长、班级的优化、同事和领导的认同、学校的发展、家长和其他乡民的认可等都会提高教师的成就感和主观幸福感，进而推动他们教育信念的优化。文本分析中，很多老师表示通过他们的努力取得了出色的教育成就，如"取得了优秀的教学成绩""改变村民对教育的态度""消除了乡村小学生辍学现象""改变了乡民对乡村教师的偏见""改善了学校落后的环境""学生得到了成长"

以及"学生获得了奖项"等，这些成就进一步坚定了他们从教乡村、教好乡村学生的决心。第二，外部影响。外部驱动中除了教育的结果会激励教师前行之外，还有很多外在的因素会影响教师的教育信念，包括家长、乡民、学生、家庭、同伴等方面。文本分析中，很多新生代乡村小学教师都谈到，"淳朴的乡情""村民的爱戴和挽留""家长的信任""学生求学的渴望""学生的善良淳朴""学生的关爱"和"家人及同事的关心"是支持他们坚守乡村教师岗位的重要力量。

（四）决策背景

影响教师教育信念形成和教育教学行为的因素除了驱动力外，还有教师个体的个性特征和所处的环境，笔者把它称为"决策背景"。决策背景比较复杂，既涉及乡村教师所处学校和学校所在乡村社区的工作环境，又涉及乡村教师的家庭环境，还包括教师个体的个性心理品质。

1. 工作背景

新生代乡村小学教师都是在乡村地区工作，他们必然要和乡村学校和学校所在的乡村社区发生联系，因此学校工作环境的好坏和学校所在社区的物质与人文环境都会影响他们的教育信念。从对文本的分析来看，大多数乡村小学教师都指出乡村学校"位置偏远""教学环境差"，亟待进一步改善，"教学资源欠缺""教学任务重"，乡村教育"发展缓慢"。学校所在的乡村社区在物质环境方面"物资匮乏""生活条件艰苦"；同时文化氛围方面表现为"娱乐活动单一""村民对教育不重视"。总体而言，新生代乡村小学教师的工作环境，无论是物质层面还是人文层面都不尽如人意。

171

2. 家庭背景

虽然新生代乡村小学教师在学校工作，但他们总不可避免地会与他们的原生家庭和新建家庭的成员发生互动。家庭是教师安心工作的大后方，如果乡村教师的乡村教学工作能够得到家人的支持和认同，他们更能坚定自己从教乡村的信念。如陈老师的报道中提道：

2013 年和 2014 年，陈老师两次放弃了回县城上班的机会，坚守在乐阳小学。"我不想走，舍不得，我的外公也不希望我离开教育岗位。"家人的支持也是她在此坚守 7 年的动力。

可见，陈老师家人对她工作的支持与鼓励坚定了她坚守乡村从教的决心。但从文本分析来看，即使是被评为优秀教师的新生代乡村小学教师，他们中仍有部分人的工作难以得到家人的理解和支持。由于把更多的精力和时间放在了乡村学校和乡村孩子们身上，他们往往疏于照顾自己的孩子，对亲人充满了愧疚，如其美老师说道：

> 最大的愧疚是对自己女儿照顾得特别少。孩子今年已经八岁了，跟着妈妈在拉萨上学，但是平常只能在寒假、暑假才能见到，女儿上幼儿园的三年里，我作为父亲只接送过孩子一次。

3. 个性品质

虽然这些优秀教师所处的工作环境比较艰苦，有部分教师甚至还得不到家人的支持和认同，但是他们仍然坚守乡村小学教师岗位，并努力成长为一名优秀教师，其中离不开他们优良的个性心理品质。从文本分析结果来看，新生代乡村小学优秀教师具有"吃苦耐劳""勇敢直前"的精神，他们在工作中态度非常认真负责，待人热情、乐于助人。他们用自己的真诚与努力感染了很多学生和家长，赢得了他们的认同和尊重，这些好的个性品质促成了他们良好教育信念的形成和合理教育行为的生发。

五、研究结论

通过基于扎根理论三级编码的方式，借助 Nvivo 质性分析软件，对 2015 年到 2019 年"最美乡村教师奖"中 171 位新生代乡村小学优秀获奖教师的故事性素材进行编码分析，得出新生代乡村小学优秀教师的教育信念由四个核心范畴构成：教师观念、行为动机、决策背景和行为表现。为了直观地展示四个范畴的关系，可以通过新生代乡村小学优秀教师教育信念模型来呈现（详见图 5-1-1）。

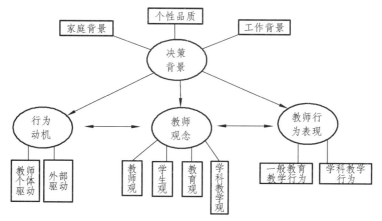

图 5-1-1　新生代乡村小学优秀教师教育信念模型

以上四个核心范畴当中，新生代乡村小学优秀教师的教师观念处于中心内核的位置，它决定着教师扎根乡村教育的动机缘由和教师的行为表现。同时，教师观念、行为动机和行为表现又不同程度地受到决策背景的影响和制约，以上四大核心范畴能够较好地解释所选样本中所有新生代乡村小学优秀教师的教育信念。

第二节　民族地区乡村小学优秀教师教育信念结构及影响因素的质性分析

为了进一步深入研究不同群体乡村小学优秀教师教育信念结构及其影响因素，笔者特别选择了民族地区 10 位荣获"最美乡村教师"称号的乡村小学教师进行深度访谈，基于扎根理论分析方法，运用 Nvivo11.0 质性分析软件，经过三阶段的编码抽象出教师教育信念结构及特征，归因分析其影响因素，并由此构建出民族地区乡村小学优秀教师教育信念结构及其影响因素模型。

一、问题提出

党的十九大把乡村振兴和优先发展教育事业提到了国家战略的地位。

发展乡村教育事业，尤其是偏远地区乡村教育事业，是实现乡村振兴的关键。而我国大多数偏远地区属于民族地区，因此加快民族地区乡村教育的发展是我国乡村振兴的重中之重。民族地区乡村教育健康可持续发展的根本性策略是民族地区乡村教师队伍建设。习近平总书记指出"做好老师，首先要有理想信念"。教师教育信念是教师在教学情境和教学历程中对教学工作、教师角色、课程、学生、学习等相关因素所持的信以为真的观点[①]，常作为一种无意识或先验假设支配着教师的教育行为。教育信念是指导教师教育工作逻辑决策的内在认知系统，不仅能够反映教师对教育意义、价值的自我解读，还能深度折射教师内在的精神状态与精神追求。对于很多生活在偏远区域的乡村小学教师而言，虽然他们身处艰苦的教学环境，面对特殊的学生群体，享受微薄的经济收入，承担着繁重的教学任务，但他们依然能够坚守岗位，用自己的智慧和力量培育一代又一代的乡村学子。即使身边越来越多的乡民选择逃离乡村去城市寻求更多的发展机遇，但他们仍然坚守在民族地区基层乡村学校，用智慧为孩子们筑梦。鉴于民族地区乡村教师生存环境、生活经历和文化氛围的特殊性，真实的民族地区乡村教师教育信念到底是怎样的一种图景呢？笔者选取了10位民族地区的乡村小学优秀教师为研究对象进行深度访谈，基于扎根理论的质性研究思路，采用Nvivo11.0质性分析软件，通过自下而上的分析方法尝试描述出民族地区乡村小学优秀教师的教育信念结构与特征，并进一步挖掘形成其教育信念的原因，以期能够反映出整个民族地区乡村小学优秀教师的教育信念图鉴。

二、研究设计

（一）研究方法与工具

本研究主要采用质性研究方法，它是一种基于描述和分析的方法，通过与研究对象互动对其行为和意义的建构获得解释性理解，特别重视研究

---

① 吕国光. 教师信念及其影响因素研究[D]. 兰州：西北师范大学，2004：8.

对象个别经验的特殊性。^①其中，运用比较多的有"扎根理论"。它是在系统收集资料的基础上寻找反映现象的核心概念，然后通过这些概念之间的联系建构相关理论，是一种自下而上的理论构建方法。在哲学思想上，扎根理论方法基于的是后实证主义的范式，强调对目前已经建构的理论进行证伪。^②扎根理论理论构建过程的核心是"编码"，依据劳斯特斯的观点，需要通过开放式、关联式、选择式三级编码形成理论构想。^③为了提高资料分析的精准度和效率，本研究运用 NVivo11.0 软件对深度访谈所获得的资料进行分析。该软件由澳大利亚 QSR 公司开发，功能强大，可以编码、搜索、建立基于布尔逻辑的系统和概念网络系统，以帮助研究人员组织、分析和查询非结构化或定性数据，如调查问卷、访谈和文献等，受到国外许多学者的欢迎与认可。^④

（二）研究对象与样本

本研究采用非随机抽样中的目的性抽样，即在选择样本时，根据研究问题和研究目的确定抽样标准，选择可提供最大信息量的研究样本。与概率抽样的逻辑体系不同，目的性抽样的研究结果的效度不在于样本数量的多少，而在于对样本的限定是否合适，即该样本是否可以比较完整、相对正确地回答研究者的研究问题。因此，所选择的样本可能是总体中的扭曲样本，不能将其研究结果推论到总体。但是，这并不意味着目的性抽样方法没有价值，在某情况下，它是可接受的并具有一定的可靠性。^⑤

① Bogdam R C, Biklen S K. Qualitative Research for Education: an Introduction to Theory and Methods[M]. Boston: Allyn and Bacon, 1982: 4-11.

② 陈向明. 扎根理论的思路和方法[J]. 教育研究与实验，1999（4）：58-63.

③ Strauss A, Corbin J. Basics of qualitative research: Grounded theory procedures and techniques[M]. Newbury Park: Sage, 1990: 62-142.

④ Brandao C, Miguez J. Using NVivo to Assess a Program of Goal-corrected Empathic Attunement Skills: A Case Study in the Context of Higher Education[J]. Universal Access in the Information Society, 2017(4).

⑤ 劳伦斯·纽曼. 社会研究方法[M]. 郝大海，译. 北京：中国人民大学出版社，2007：103.

　　为了能够确保获得最丰富的信息量，同时适当兼顾样本的代表性，采用抽样策略有分层目的性抽样和方便目的性抽样。为了便于走访和沟通，首先以研究者所在省份——湖南省为调研区域，锁定湖南省境内少数民族聚居最广泛的地区——湘西自治州，考虑到"最美乡村教师"是乡村教师的杰出代表且近年来越来越得到社会各界的广泛关注，因此选择曾荣获过"最美乡村教师"称号的教师作为优秀教师的代表。为了适当照顾样本的代表性，尽可能选择不同性别、不同年龄、不同学校性质、不同年份获此殊荣的样本。最终通过自荐和他荐的方式选择了 10 位民族地区乡村小学教师进行深度访谈（具体名单见表 5-2-1），其中男教师 6 人，女教师 4 人；完全小学 4 人，农村教学点 6 人；年龄分布为 25～58 岁，基本涵盖了乡村小学教师所有年龄段，既有刚入职的新教师，也有工作多年的熟练型教师，还有即将退休的老教师，基本可以反映民族地区乡村小学优秀教师的真实情况。

表 5-2-1　"最美乡村教师"访谈对象一览表

编　号	姓　名	性　别	年　龄	从教年限	学校特点	获最美乡村教师称号时间
1	HJK	女	54 岁	35 年	完小	2015 年
2	LW	男	25 岁	3 年	完小	2017 年
3	WTJ	男	40 岁	21 年	教学点	2012 年
4	WZG	男	37 岁	19 年	完小	2016 年
5	YCQ	男	49 岁	28 年	教学点	2018 年
6	LHZ	女	42 岁	22 年	教学点	2018 年
7	LQZ	男	50 岁	30 年	教学点	2017 年
8	WJC	男	35 岁	11 年	完小	2012 年
9	XAJ	女	53 岁	31 年	教学点	2016 年
10	YJY	女	58 岁	38 年	教学点	2014 年

（三）调查过程

　　研究者综合考虑了研究目的、研究内容及研究对象特征，设计了开放式的访谈提纲，主要围绕"教师有怎样的教育信念？""为什么会形成这样的信念？"两大主题展开，具体涉及乡村小学教师从事的职业、面对的对象、开展的工作和身处的环境等维度来提问，每个维度都包括"他/她做了什么，为什么这么做？""什么时候开始这么做？""有哪些重要的人或事改变其行为和认识？"等问题。访谈过程中，研究者根据实际情况适时地调整问题顺序和追问。访谈活动从 2018 年 10 月开始，2019 年 7 月结束，主要采取实地访谈和电话访谈的形式。其中实地访谈的同时还对其生活史进行深入挖掘。为了便于资料的分析，研究者还在征得受访者同意的情况下对访谈过程进行录音，访谈结束后将音频资料转换成 Word 文本资料导入 Nvivo 软件中进行编码分析。为证明编码的有效性，研究者间隔两个月时间再次编码，一致性达到 92%。在编码的基础上，结合现有文献成果，分析寻找概念之间的关联，并根据概念之间的属性和维度构建民族地区乡村小学教师教育信念的图景。

三、数据编码过程

（一）开放性编码

开放性编码就是把收集的原始资料全部打散逐行逐句进行编码，赋予概念，并重新组合的过程。[①]其作用就是对收集的资料进行初步编码，从而得到概念和范畴，并确定概念和范畴之间的从属关系。整个过程分为三个步骤：贴标签（摘取有效信息点）—提炼概念—形成范畴。[②]

首先，"贴标签"。通过逐行逐句阅读资料，对其所蕴含的信息给予初步分析和提取，转化成信息点，如"我喜欢和学生在一起"提取为"喜欢学生"，"我会一直待在这里，哪都不去"提取为"坚定从教"，共获得自由节点 190 个。其次，"提炼概念"。原始资料的基本信息点提取后，需要对信息点经过反复的比较与分析，将表述内容相同或相近的信息点合并，并

---

① 陈向明. 扎根理论的思路和方法[J]. 教育研究与实验，1999（4）：58-63.
② Strauss A L. Qualitative Analysis for social Scientists[M]. New York: Cambridge University Press, 1987: 102.

赋予新的编码；同时剔除一些与主题明显无关的自由节点。提炼概念的目的在于缩小编码范围，将概念提升和抽象，如"当老师增加自己知识面""当老师改变自己价值观""当老师提升解决问题的能力"提炼为"提升自己"，共抽象出 133 个概念。最后，"形成范畴"。根据不同样本所提炼概念内容的重复性、相似性和相关性，将其进一步归纳形成具有统整性的树状节点，建立了 24 个范畴（见表 5-2-2），并概括每一个范畴的基本特征。

表 5-2-2　开放性编码结果一览

概　念	初级范畴	基本特征
A01 提升自己；A02 学生给我快乐；A03 有成就感；A04 证明自己优秀；A05 培养好学生	B01 教师职业价值	实现自我
A06 本职是知识教育；A07 行为示范；A08 天天辅导差生；A09 兴趣爱好无能为力；A10 替补家长	B02 教师职业角色	朴实简单
A11 工作稳定；A12 教师地位、工资低；A13 教师职业要求高；A14 责任心是关键	B03 教师职业特点认知	固化传统
A15 坚定从教	B04 教师职业意志	坚定从教
A16 多媒体教学效果更好；A17 复式不好上；A18 故事和生活经历融入教学；A19 全科教学；A20 贴近自然教学；A21 因材施教；A22 用传统教法，新模式不适合	B05 教学方式	因地制宜的常规教学观
A23 提高学生普通话水平；A24 知识目标；A25 重视学生基本能力的培养；A26 品德习惯的培养	B06 教学目标	
A27 教材难度加大；A28 数学难	B07 教学内容	
A29 考试与素质教育不冲突；A30 考试重要；A31 老师把关学生成绩；A32 有教学反思；A33 多鼓励学生；A34 多了解孩子，走进孩子心里；A35 管理学生攻心为上；A36 教学要说好普通话；A37 教学要有吸引力；A38 课内严肃课外亲切；A39 社会经历融入教学；A40 重视课堂质量；A41 与学生多交流	B08 教学要求与评价	

概　念	初级范畴	基本特征
A42 师生共同制定班规；A43 师生相互学习；A44 课外应和孩子们打成一片	B09 师生关系	民主平等
A45 父母管孩子；A46 教育价值与经济价值不同；A47 学生主体；A48 学习目的是以后更好地生活；A49 读书改变命运；A50 学真本事，学以致用；A51 自主学习比填鸭式好；A52 孩子应有明确学习目标；A53 学习目标是走出农村	B10 学生学习	保守质朴的学生观
A54 行为习惯比城市孩子差；A55 农村孩子聪明；A56 农村孩子潜力没有挖掘出来；A57 农村学生单纯；A58 学生可爱；A59 懂得感恩；A60 学生基础差；A61 学生品行好；A62 学生听话；A63 学生喜欢我	B11 看待学生	
A64 教育专业知识和技能不足；A65 信息技术素养不足；A66 需要新理念和新方法；A67 多学习弥补不足；A68 提高自己的教学基本功	B12 看待自我发展	提升基本素养的发展观
A69 本地人；A70 边教边改进；A71 本地生活比外地好；A72 丰富的打工经历；A73 需要照顾家人；A74 喜欢农村生活；A75 喜欢自己的家乡	B13 成长背景与经历	浓厚的乡土情怀
A76 高中班主任管理方式影响大；A77 学校刘校长影响我	B14 成长中重要他人	
A78 喜欢学生；A79 喜欢学校；A80 为人师表，问心无愧；A81 做好事情，对学生负责；A82 爱教师职业；A83 关爱学生；A84 尽职尽责做老师	B15 教师职业情感	热爱教育
A85 写单元教学反思；A86 合理的工作计划；A87 喜欢读书和学习	B16 教学能力	常态化的教学反思与阅读
A88 教学效果好；A89 学生规则意识增强	B17 教学效能	良好的教学效能

概　念	初级范畴	基本特征
A90 踏实肯干；A91 心态好；A92 随和，性格开朗；A93 责任心强；A94 要求严格；A95 做事细致；A96 爱岗敬业；A97 个性要强；A98 有爱心	B18 教师人格特征	敬业乐观的人格
A99 家长看不起老师；A100 农村家长对教育重视不够；A101 家长认识不到教育的价值	B19 家长特征	留守缺爱的学生群体
A102 留守儿童多；A103 心理问题多；A104 学生渴望交流；A105 留守儿童需要亲情守护；A106 学生接触外界信息少；A107 学生厌学；A108 隔代教育；A109 学生自理能力强	B20 学生特征	
A110 得领导赏识；A111 教师少，缺乏同伴交流；A112 教师团结；A113 教师交流能坦诚相见；A114 同事流动频繁；A115 组织氛围融洽；A116 限制少	B21 学校文化环境	艰苦但自由的学校环境
A117 村小走读安全隐患大；A118 交通不便；A119 新教师不愿意来，也待不住；A120 农村教育条件差；A121 城乡教育资源差异大；A122 缺教师，走了没人上课；A123 硬件差；A124 自己改建好学校	B22 学校物质环境	
A125 贫穷；A126 信息闭塞；A127 与家长关系好；A128 与乡民感情深	B23 村寨环境	闭塞但和谐的村落环境
A129 让老婆和我一起工作；A130 给予荣誉称号；A131 专项乡村教师补贴；A132 乡村教师培训力度不够；A133 教师培训实效要增强	B24 制度体系	持续改进的制度体系

（二）主轴编码

主轴编码主要是发现和建立范畴之间的关联，将关联程度紧密的范畴抽象成更高阶的范畴类型，提炼出主范畴和副范畴。根据施特劳斯和科宾（Strsuss & Corbin）提出的范式模型（paradigm model），即所分析的现象、条件、背景、行动与互动的策略和结果之间所体现的逻辑关系[1]，如"成长中的重要他人"和"成长背景与经历"合并为"成长历程"副范畴；把"教师职业情感""教学能力"和"教学效能"合并为"教师专业特征"副范畴；进一步把"成长历程""教师专业特征"与"教师人格特征"抽象成更高阶的主范畴"个体因素"。通过主轴编码，共构建了 6 个主范畴和 11 个副范畴（见表 5-2-3）。

表 5-2-3 主轴编码一览

主范畴	副范畴	初级范畴
教师信念	教师信念	B01、B02、B03、B04
教学信念	教学活动观	B05、B06、B07、B08
	师生关系观	B09
学生信念	学生学习观	B10
	学生观	B11
自我发展信念	自我发展信念	B12
个体因素	成长历程	B13、B14
	教师专业特征	B15、B16、B17
	教师人格特征	B18
外部因素	学生特征	B19、B20
	学校环境	B21、B22
	村落环境	B23
	制度建设	B24

（三）选择性编码

选择性编码主要是厘清含在资料中的各范畴的逻辑关系线索，在所有

---

① Strauss A，CorAin J. 质性研究概论[M]. 台北：巨流图书公司，1997.

范畴中提炼最核心的范畴，其他范畴则成为支援范畴，然后通过一个整合图式或故事线，将各种理论要素整合起来形成理论构想或模型。[1]通过对各范畴逻辑关系的分析，可以将"教师信念""学生信念""教学信念"和"自我发展信念"统整抽象为"教师教育信念结构"，"个体因素"和"外部因素"统整抽象为"教师教育信念的影响因素"。

四、研究结果与分析

通过开放性编码、主轴编码和选择性编码三个阶段的编码，在比较与分析的基础上，建构了民族地区乡村小学优秀教师教育信念的结构及影响因素模型（见图 5-2-1）。

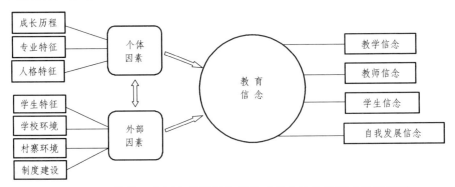

图 5-2-1　民族地区乡村小学优秀教师教育信念结构及影响因素模型

（一）民族地区乡村小学优秀教师教育信念结构及特征

通过对质性材料自下而上的扎根理论分析发现，民族地区乡村小学优秀教师的教育信念由四个主范畴构成：教师信念、学生信念、教学信念和自我发展信念。

第一，教师信念是教师对教师职业本身的信念，主要包括教师对自身职业价值、职业角色、职业特点、从教意志四方面的认知。民族地区乡村小学优秀教师的职业价值观体现出强烈的能够实现自我价值的意识——"当

---

[1] Strauss A, Corbin J. Basics of qualitative research: Grounded theory procedures and techniques[M]. Newbury Park: Sage, 1990: 62-142.

教师有成就感"，在教师们的信念系统内，认为当老师能够实现自己的人生价值，能够证明自己优秀，提升自己的能力。他们对于职业角色的认识大多朴实简单，主要还是停留在知识的传授者上——"本职的工作还是知识方面"，面对大多属于留守儿童的乡村孩子，教师们常常"需要弥补家长教育的不足"成为临时家长。他们用自己的行为和风格影响学生，"教师是什么样孩子们就是什么样"，在他们心中教师的职业具有很强的示范性。教师职业稳定能够给予他们一定的安全感，但一致认为教师地位和工资水平低，这与我们传统的清贫安稳、躬身示范的教师形象是一致的。即使清贫，但教师们仍然喜爱教师这一职业，他们都有着坚定从教的信念，"从没有考虑过放弃教师职业"。总体来说，民族地区乡村小学优秀教师对教师职业的信念表现为：实现自我的职业价值观、朴实简单的职业角色观、固化传统的职业特点认知和坚定从教的职业意志。

第二，学生信念主要是指教师对学生特点、学生学习与发展的信念，包括学生观和学生学习观。民族地区的乡村小学教师们对乡村孩子有着深厚的感情，即使"孩子们的基础和某些行为习惯比城市孩子差"，但他们仍然坚信乡村孩子有着独特的优秀品质——"单纯""感恩""可爱""听话"等，拥有这些品质的乡村孩子是可以通过"读书改变命运"，因此他们认为孩子们应该有明确的学习目标——"走出农村"，为自己以后有更好的生活而学习。他们坚信在学习中学生应该"学真本事，学以致用"，同时还主张家长应该认识到"教育的价值与经济的价值不同""要多管孩子"，应该大力促成家校合作共同育人。总体来说，民族地区乡村小学优秀教师具有热情朴实的学生信念系统。

第三，教学信念是指教师对教师教学和师生关系的信念。民族地区乡村小学优秀教师在教学方式上比较认同传统的教学方式，认为"新教学模式不适合""复式不好上"，鉴于学校地处偏远的乡村地区，学生人数少，教师们认同"全科教学"和"贴近自然组织教学"，还有教师认为"把自身的故事和经历融入教学"可以打开孩子们的视野，增加课堂的吸引力，具有良好的教学效果。在教学目标上，他们主张以"知识目标"为主，同时也要"重视学生基本能力的培养",与汉族地区不同的是,教师们还把"提高学生的普通话水平"作为一个重要的教学目标。在教学内容上,他们普遍认为新课程改革以来,教学内容难度增加,尤其是数学和部编版语文教材难度较大。在教学要求上,他们始终坚持"教师应该把关成绩",考试仍然是重要的。作为民族地区的教师,他们始终坚信"应该说好普通话",做好学生的榜样,教师的课内教学应有吸引力,课余要多鼓励和多了解孩子以走进孩子的心里,"管理学生应该攻心为上",让学生能够心服口服。在师生关系的处理上,教师们主张"师生相互学习""共同制定班规""课外与孩子打成一片",形成民主平等的师生关系。总体来说,民族地区乡村小学优秀教师持有的教学信念表现为因地制宜的常规教学观和民主平等的师生观。

第四,教师自我发展信念是指教师对自身专业发展的信念。民族地区乡村小学优秀教师认为自身专业素养存在不足,尤其是教育专业知识和技能,如"需要新的教育理念和方法""需要提高自己的教学基本功""信息技术素养不足",很明显,民族地区乡村小学优秀教师都有着明确的要提升教育素养的自我发展信念。

(二)民族地区乡村小学优秀教师教育信念影响因素及特征

笔者分析教育信念结构及特征质性材料发现,教师们无论是在明确陈述其教育信念,还是通过隐晦的语言折射出教育信念,他们访谈时总是自然地融入教育信念形成的背景与原因的陈述。基于扎根理论的质性分析方法,研究发现主要有两大因素影响民族地区乡村小学优秀教师教育信念:个体因素和外部因素。这一访谈结论与学者吴薇通过对近三十年来国外大学教师信念研究成果分析结论基本一致,教师信念的形成与变化主要受到个人背景因素和外部环境因素的影响。[1]其中个体因素又可分为教师成长历程、教师专业特征、教师人格特征三个要素;外部因素可以分为学生特征、

---

① 吴薇. 国外大学教师信念研究回顾与展望[J]. 高教发展与评估,2012(1): 52-61.

学校环境、村落环境、制度建设因素四方面。

第一，个体因素是指教师自身方面的因素。从民族地区乡村小学优秀教师的成长背景与经历、在成长中对其职业影响的重要他人来看，他们的成长历程具有浓厚的乡土气息。他们认为"出生农村，是他们成为当地乡村教师的优势"，对乡村的热爱让他们感到"本地生活比外地更好"，其中有一位教师即使"有着丰富的打工经历"，但还是选择"回乡教书"，在工作中"边教边学"，慢慢地喜欢了教师这个职业。访谈的 10 位教师无一例外地都谈到自己"非常热爱教育""喜欢学生""喜欢农村生活"。因为这份对学生、对教育事业的职业感情激发他们坚守岗位、用心育人的信念，他们"尽职尽责做老师"，真正做到了"为人师表，问心无愧"。为了能够更好地教书育人，他们喜欢读书和写作，每学期撰写合理的工作计划，每堂课后展开教学反思，形成了常态化的教学反思和阅读习惯，也取得了良好的教育教学效果。良好的教学效能进一步增强了教师的教学信心和对职业价值的认同。民族地区的乡村多是相对偏远的地区，往往是"老少边穷"地区的代名词，乡村小学教师流失非常严重。据调查发现，近半数的民族地区乡村教师希望调离现在学校或离开教师职业，其中小学教师流动与流失的意愿最为强烈。[①]但为什么这些"最美乡村教师"能够几十年如一日坚守岗位并努力去教好学生呢？通过分析发现，这些教师还具有独特的人格特征——敬业乐观。虽然身处艰苦的环境，但是他们乐观开朗，面对简陋的教学条件，他们不是怨天尤人，而是用自己的双手努力改善环境，"学校环境一步一步得以改善，自己也舍不得离开了，因为自己的努力和心血都在那里"。总体来说，从教师自身层面来看，热爱教育的职业情感、常态化的教学反思与阅读、良好的教学效能和敬业乐观的人格特征是促成民族地区乡村小学优秀教师教育信念的重要因素。

第二，外部因素即外界环境，是除教师之外的其他影响因素。民族地

[①] 王亚. 少数民族地区乡村教师流动与流失的实证研究[J]. 湖北开放职业学院学报，2019（8）：125-127.

区的乡村孩子大多是留守儿童，他们的父母为了生计远走他乡，隔代教育是家庭教育的主要形式。孩子们缺乏交流的对象，他们"渴望交流""需要亲情的守护"，但很多父母"认识不到教育的价值"，有些父母甚至"看不起收入微薄的教师"。这些缺少亲情关爱与守护的孩子们激发了乡村小学教师保护他们、关爱他们的情感，在与孩子交往的过程中，他们尽可能地发现孩子的优势和美好。他们毫不吝啬对于乡村孩子的赞美，他们总是坚信这些孩子都是"聪明的""可爱的""潜力很大""会感恩的"……留守缺爱的孩子牵引着老师们的梦想，老师们不愿离开，也不能离开。因为"新老师招不到，也待不住"，如果他们离开了，"就没人给孩子们上课了"；面对"学校条件艰苦""硬件差""村小走读安全隐患大"，他们自己动手改善环境，接送孩子上下学或去孩子家家访加强交流，他们的付出进一步坚定了一直从教的信念和爱岗敬业的情怀，拉近了与乡民的关系，深化了民主平等的师生观念。同时，在学校中"教师与教师之间关系特别好""平常有什么说什么"，坦诚相见的交流、融洽的组织氛围，不仅让教师拥有很大的教育自主权，也增加了教师的归属感。教师之间通过平等的交流与对话，能够获得彼此的理解与支持，增加自信心，提升了教师的教育信念，最终促进教师共同发展。①艰苦但自由的学校环境给予了教师职业成长更大的可能，虽然学校和村落条件落后、信息闭塞，但教师与村民交往和谐，"那里的乡亲父老对我也挺好"，以至于"跟那些相亲感情太深了，舍不得离开"，闭塞但和谐的村落环境增进了教师的归属感和价值感。相关制度的改进，如乡村教师荣誉制度、乡村教师专项补贴制度、解决乡村教师夫妻两地分居政策、教师培训制度等为教师坚守从教、提升教学信念提供了坚实的保障。总体来说，从外界环境来看，留守缺爱的学生群体、艰苦但自由的学校环境、闭塞但和谐的村落环境、持续改进的制度体系是影响民族地区乡村小学优秀教师教育信念的重要因素。

---

① 肖正德. 基于教师发展的教师信念：意蕴阐释与实践建构[J]. 教育研究，2013（6）：86-92.

特别要指出的是，个体因素与外部因素之间是相互影响的。希维德尔主张，人与社会环境是相互依存的，每个人都存在于特殊的文化环境中，每个主体及其心理活动都是通过其对文化意义的掌握过程而发生改变。[①]受访的 10 位教师都是生于乡村长于乡村，他们能够坦然接受艰苦的学校环境，能够与当地的乡民语言相通、相处和谐。那些个性开朗乐观的教师更容易与同伴坦诚相见、交流融洽。同样，留守缺爱的学生群体也进一步激发教师们热爱教育、关爱学生的教育情感，持续改进的制度体系有助于提升他们的教学效能。因此，民族地区乡村小学教师从生活的场域环境中感知和经历的过程影响、教化并改变他们自身的主体性和心理活动；同时也改变着他们对生活场域环境的行为和态度。正是教师个体和生活场域环境的相互建构，成就了民族地区乡村小学优秀教师教育信念的形成。

五、讨论与展望

笔者通过对民族地区 10 位"最美乡村教师"的半结构式访谈，采用扎根理论自下而上地对民族地区乡村小学优秀教师教育信念结构及影响因素进行梳理，研究发现：首先，民族地区乡村小学优秀教师教育信念结构包含教师职业信念、学生信念、教学信念和自我发展信念四个基本维度。其次，民族地区乡村小学优秀教师主要具有为实现自我的职业价值观、朴实简单的职业角色观、固化传统的职业特点认知和坚定从教的职业意志的教师职业信念，热情朴实的学生观，因地制宜的常规教学观和民主平等的师生观以及要提升教育素养的自我发展信念。最后，民族地区乡村小学优秀教师自身热爱教育的职业情感、常态化的教学反思与阅读、良好的教学效能和敬业乐观的人格特征等个体因素和留守缺爱的学生群体、艰苦但自由的学校环境、闭塞但和谐的村落环境、持续改进的制度体系等外界环境因素及其两大因素的相互建构是促成民族地区乡村小学优秀教师教育信念结构的关键。相较于已有关于教师教育信念的研究，本研究直面民族地区乡

187

---

① 转引自李炳全. 文化心理学[M]. 上海：上海教育出版社，2007：144.

村小学优秀教师的生活，深入实地聆听他们对教师职业和教育工作的理解，最大限度地反映民族地区乡村小学优秀教师教育信念的真实面貌，更为生动具体地反映他们的教师教育信念结构特征及影响因素。

然而，本研究还存在一定的局限。首先，研究范围待扩大。研究中仅选择了湖南省的湘西自治州作为民族地区的代表，缺乏对其他民族地区调查。其次，样本待进一步丰富。研究通过访谈 10 位最美乡村教师得出结论，其模型尚未得到大样本的验证。最后，尽管研究者在运用软件编码的过程中尽可能抛弃自己的预设，将自己沉浸在访谈资料中，也采取了间隔时间两次编码的方式力保编码的合理与准确，但部分编码依然存在主观性。鉴于此，今后的研究应从以下方面改进：一是扩大调查范围，将研究扩展到多个地区和多个民族；二是丰富样本，对于优秀教师的选择不仅仅局限于"最美乡村教师"，还可以从民族地区乡村小学骨干教师、县市评定的年度优秀教师中选择，扩大样本量。三是增加编码人员，通过多方互证的方式确保编码的准确性；编码后还要就编码内容与研究对象进行交流与讨论，以确定编码内容准确地表达研究对象的实情。

第三节　乡村小学优秀教师教育信念的发展策略

在乡村教育场域内，发展乡村小学优秀教师的教育信念不仅可以使优秀教师自身的教育信念得以优化，而且可以为其他教师提供参考和示范，并能在场域内营造相应的文化氛围以潜移默化的方式影响整个乡村小学教师群体。乡村小学优秀教师教育信念的培育不仅是教师自身努力的过程，也是外部各种力量促进教师专业发展的过程。因此，从多个维度促进乡村小学优秀教师教育信念的提升应成为乡村教育发展的重要内容。

一、乡村小学构建开放合作的校园文化

信念不仅仅是个人建构的过程，更是社会文化建构的过程，合作学习的环境能够促使教师分享经验，通过彼此的相互影响，形成观念之间的交

换，促进教师信念完善与发展。斯旺（Swan）在英国的一项研究表明，为培训者创设合作学习的环境，有助于促进教师信念的转变。前面的调查和分析也发现，工作环境是影响乡村小学优秀教师决策教育行为的重要因素。人的思维与行为方式是文化的集中表现，校园文化是乡村教师工作身处的小环境，对他们教师信念的形成与发展具有重要的影响。乡村小学营造开放合作的校园文化氛围，有助于促进学校教师教育信念的良性发展。具体来说，可从以下三方面着手。

（一）构建教师学习与研究共同体

教师学习与研究共同体是指由具有共同信念、共同目标的教师共同构成的一种集学习与研究于一体的群体。它以完成共同的学习与研究任务为载体，通过互惠式的交流学习、共同研讨与同伴支持，达到成果的共享，以促进教师的共同发展。在教师学习共同体中，教师走在一起，抱定同济互助、共同发展的信念，大家将在教育教学工作中的困惑和感悟呈现出来，将个体的教育教学经验和实践智慧外显出来，与团队成员共享，有效达成学习目标，从而促使教师共同发展。在这样的学习与研究共同体中，一方面温馨的工作氛围和温暖的工作环境会提升乡村小学优秀教师的归属感，降低他们的孤独感，可以让他们自然流露内心的情感，实现彼此之间心灵的对话。另一方面，优秀教师还能发挥自身的示范引领和带动作用，激发其他教师尤其是新进教师的工作热情，促进其他教师的专业能力提升。

（二）搭建大学—小学教育联盟平台

乡村小学校园文化演变的阻力往往比较强大，因此教师教育信念的发展不仅需要内部的进化，还需要外力的推动。乡村小学远离城市，其中的优秀教师既是推动乡村小学发展的重要力量，也是其他教师专业成长的参照标准。因此乡村小学优秀教师同样需要不断地超越自己，得到进一步的专业发展。但受资源的限制，他们常常感到有心无力，无法突破自身的局限。因此，对于地处偏僻的乡村小学来讲，乡村小学的管理者有责任通过

189

多方努力，寻求外界资源尤其是高等师范教育资源助推乡村小学教师的专业发展，提升他们的教育信念。因此，搭建大学—乡村小学教育联盟平台，开展大学与乡村小学的校际合作或者不同区域之间的乡村小学与小学校际合作。通过两者之间的平等对话，可以促使教育理论与实践共同发展，推动教育问题的解决，实现教育理论与实践的沟通与融合。如乡村小学与师范院校之间合作开展基于课堂教学效果改进的教学方法改革研究与实践，通过专家引领促进乡村小学教师教学质量的提升和教育信念的发展。这种合作不仅让乡村小学优秀教师有了更大的发展空间和机会，优化他们的教育信念；而且也让大学教育理论专家的理论得到了实践性推理和实践性依据的支持，才能在实践中焕发出强大的生命力。

（三）实施发展性的管理体制

学校的管理制度影响教师的成长，良好的学校管理制度能够带给教师美好的情感和舒适的工作体验，激发教师的内在动力，促进教师专业发展和个人境界的提升。有研究者认为，作为外部诱因的外部动机可以由于环境形成的社会性动因以及通过个体的认知过程逐渐转化为该个体的内部驱力，成为内部动机。[1]乡村小学管理制度如果能够将内部动机的引导与外部动机的激发结合起来，就可以避免只是利用物质利诱等外部动机激发手段来管理教师所带来的弊端。对于乡村小学优秀教师而言，他们对乡村小学的情感是浓厚的，他们的教育能力是已得到大众认同的，乡村小学的管理者应该从保护他们对乡村小学教育教学工作的积极情感出发，进一步深化他们对乡村小学教师岗位的坚定信念，从而引导他们走出自己专业的舒适区不断去挑战自我，让他们在不断实现个体价值的同时创造更为丰富的社会价值。因此，建议乡村小学管理者应积极采用发展性管理机制，激发在职教师尤其是优秀教师专业发展的高层次需要。发展性管理机制的目的不是约束教师的行为，而是给予教师努力工作的动力，也可以为教师的专业

---

① 张爱卿. 论人类行为的动机[J]. 华东师范大学学报（教育科学版）,1996
（1）: 71-80.

发展提供有效的方向导引，为教师信念良性发展铺设通达的前进道路。

二、教师主动发展自身教育信念

教师的思维方式会影响教师教育信念的发展，而个体正确的思维方式受到知识学习和自身实践的影响，因此乡村小学优秀教师的知识学习和自身实践会影响他们教育信念的形成。具体来说，可以从以下两方面发展自身教育信念。

（一）自主丰富和完善个体专业知识，促进信念与情境的有效沟通

由教师自发进行的理论学习，因其极为明确的自主性以及明确具体的方向性与目的性，对于教师信念的形成具有明显的优势。语文名师魏书生在回应"我为什么愿意教书"这一问题时总是用"我爱读书"这句话来解释。因为爱读书，有了深厚的知识基础；因为爱读书，才懂得书对于个体的价值。李镇西老师从少年时代开始的"文学梦"，使他从阅读和背诵大量文学作品开始，继而走向更为广阔的知识与思想的海洋。在与众多精神导师的交流中，他认识到了只有在充满民主精神的教学中才能使学生获得民主精神，坚定了自己认为"语文，正是一门解放心灵、唤醒自我、发展个性的'人学'"的教育信念[①]，将自己的教学上升到"为民主社会培养公民"的教育高度。因此，自主阅读与学习可以丰富和完善乡村小学优秀教师自身的专业知识，促进他们教育信念的丰富。教师教育信念对实践产生影响需要调取其关于信念与情境的相关教学知识与学科知识。换言之，教师不仅要接受该知识，还需要在具体情境中运用该知识，以促进知识与情境的融合。例如教师在观念上接受了学生合作学习，但是在具体教学中并不清楚如何针对具体的教学内容设计合作学习的任务，在任务实施的过程中无法将学习的过程性与概念的理解整合起来，这就极易导致教师只是知道什么是应该坚持的，而不知道具体怎么做。正如有学者指出，如果一个老师

191

---

① 教育部师范教育司组编. 李镇西与语文民主教育[M]. 北京：北京师范大学出版社，2005：44.

没有意识到或没有理解加法与减法的逆关系，这种学科知识的缺乏可能会让教师认为这些运算没有关联，而且觉得让学生去讨论这些运算的关系毫无必要。①因此，乡村小学优秀教师应该在具体情境下自觉主动地关注教师知识与信念的协同发展，实现专业知识与信念的良性互动。

（二）践行"反思实践者"角色，开展教育研究

教师教育信念是教师行为的隐性向导，教师教育教学行为是教师教育信念的显性表现，二者相互影响、相互作用。因此，乡村小学优秀教师实践经验的改变有助于推动他们教育信念的转变。澳大利亚的斯坦托姆博士说过，如果不能从经验中吸取教训，二十年的教学经验也许只是单纯的重复，不会获得螺旋式的成长。②只有通过反思性实践获取实践性知识才是教师的实践智慧；只有践行"反思实践者"角色才能让乡村小学优秀教师保持优秀并迈向专家型教师的成长道路。"没有反思的经验是狭隘的经验，至多只能成为肤浅的知识。如果教师仅满足于获得的经验而不对经验进行深入的思考，那么，他的教学水平的发展将大受限制，甚至有所滑坡。"③因此，乡村小学优秀教师如果只是验证专家提出的教育理论，那是远远不够的。教师信念确立与转变的重要条件，就是教师所体验过的教育实践及建立在实践体验基础上的积极反思，并积极参与学校教育研究。教师通过反思性实践，解剖自己的日常教育实践，不断超越与提升自己的教育境界；教师通过反思性实践，逐渐认识与领悟到教育的价值和学生发展的真谛，生成一定的教育观点；教师通过反思性实践，将隐含的教育观点外显并信以为真，从而确立为自己的教育信念。因此，乡村小学优秀教师需要立足于自身的教育实践，在实际的教育教学情境中展开教育研究，经历发现问

---

① 脱中菲. 小学数学教师信念结构及特征的个案研究[D]. 长春：东北师范大学，2014：132.
② 斯坦托姆. 怎样成为优秀教师[J]. 外国教育动态，1983（01）：16-18+8.
③ D. A. Schon. The Reflective Practitioner[M]. New York：Basic Books, 1983. 34.

题—提出问题—分析问题—解决问题的研究历程，才能成为一名真正的反思实践者，发展自身的教育信念。

三、政府多力举措推动教师教育信念的发展

教师教育信念的形成和转变受到教师个体和外部环境相互作用的影响。除了从教师自身和乡村小学层面促进乡村小学教师教育信念的发展，还应该考虑从政府角度给予支持和引导，可以从以下三个方面入手。

（一）加快建设乡村小学名师工作室，发挥示范效应

乡村小学名师工作室作为乡村教师专业成长的重要平台，是利用乡村名师效应创立的集教学、研究、培训于一体的乡村教研共同体。随着国家对乡村教育的重视，乡村小学名师工作室在提升乡村教师专业素质方面做出了比较大的贡献。一般来说，乡村小学名师工作室主要是由一位乡村小学名师（主持人）、几位骨干成员和一批跟岗学员组成。其中，主持人和骨干成员作为指导教师相对稳定，而跟岗学员在跟岗期结束后就结业离开工作室。由于工作室主要通过内部生长促进教师专业发展，因此乡村小学优秀教师是乡村小学名师工作室主持人最重要的来源。乡村小学名师工作室的建立可以形成引力场效应，名师声誉及其工作室累积的优质教研资源和实用教研活动，在区域内的镇区学校和农村学校形成一个引力中心，吸引数量众多的教师加入名师网络工作室，形成教师集聚的引力场效应，发挥出示范效应，让工作室其他成员能够得到事半功倍的成效。与此同时，如果乡村小学优秀教师担当了名师工作室的主持人或骨干成员的角色，也并不意味着他只有单方面示范与引领式的奉献，同时他也可以收获知识共享后的收益。史黛丝（Stacey）认为，不同个体间的联系是知识创造的过程，带来产生变革的潜力。这种联系是一种相互沟通，在沟通中出现强有力的联系会使知识突现[1]。如在初始阶段，名师主持人作为研修资源开发者成为

193

---

[1] Stacey Ralph D. Complex Responsive Processes in Organizations: Learning and Knowledge Creation [M]. London: Routledge, 2001.

活动的主要资源提供者，但是随着研修的进行，工作室成员内化资源并产生不同的创新观点、情感和价值观，形成的个性化研修资源可以为主持人提供迭代创新研修资源。[①]

（二）加强舆论宣传，形塑乡村小学优秀教师形象

乡村教师形象的树立是一种社会文化建构的过程，舆论宣传在这一文化建构过程中发挥着极其重要的作用。尽管受众个体具有主观能动性，对新闻媒体书写符号的接受各异，但是新闻媒体的"权威"身份极易引导受众认知图式的建立。随着信息技术的发展，网络和智能手机的普及，媒体尤其是网络媒体的宣传对乡村小学教师形象的树立影响越来越大。有学者对相关媒体报道内容梳理发现，当前存在"师德不良的妖魔化形象""穷酸落魄的悲情化形象"和"伤痕累累的牺牲者形象"三类乡村教师污名化媒介镜像。[②]有的媒体报道抓住乡村小学教师形象本身的崇高性和神圣化的特点，特意选择个别负面典型对乡村教师形象进行低贱和妖魔化的描摹，以形成强烈的反差，有力冲击受众的已有认知，从而获得受众对于报道的关注。颠覆性的负面形象更容易在受众脑海中留下深刻印象，使公众接受并认同污名化的乡村教师形象。正是由于新闻媒体刻意夸大乡村教师负面形象，泛化个别的不良影响至整个乡村教师群体，以至形成污名化镜像，极大地损害了乡村教师群体原本正常或者高尚的形象。因此，建议政府摒弃原来单一的倾向于用"伤痕累累的牺牲者形象"来歌颂乡村小学优秀教师的伟大的宣传方式，通过官方媒体大力地、多角度地宣传乡村小学优秀教师。既要宣传乡村小学优秀教师高尚的师德，为乡村教育奉献的精神；也要宣传他们优秀的教育教学专业能力，彰显他们过人的教学才华；还要宣传乡村小学优秀教师富有朝气的现代生活方式和青山绿水充满人文气息的

---

① 王永固，等."互联网+"名师工作室促进乡村教师专业发展：机制与策略[J]. 中国电化教育，2020（10）：106-114.

② 谷亚，肖正德. 乡村教师的污名化媒介镜像：何以建构与如何解构[J]. 当代教育论坛，2021（3）：108-114.

乡村生态环境。同时，政府在宣传过程中要赋予乡村小学优秀教师媒介话语权，改善他们媒介弱势和结构弱势的不利地位。通过对优秀教师正面、多维的宣传，形塑乡村小学教师的正面形象，提高乡村小学教师的社会声望，也促进乡村小学教师对自身职业的认同。

（三）构建综合待遇保障制度，增强乡村小学教师职业吸引力

乡村振兴战略的实施，基础在教育。朱永新先生曾说过，乡村教育发展的核心在于留住人，既要留住学生，也要留住老师。《中共中央国务院关于全面深化新时代教师队伍建设改革的意见》中指出要大力提升乡村教师待遇，缔造一支素质优良、甘于奉献、扎根乡村的教师队伍。待遇是一种外在的权利保障，是个体社会价值的体现，是个体职业尊严的重要基础，是教师自我身份认同的物质和精神层面的前提条件。没有外在权利的保障，作为一种道德价值的尊严是极为脆弱的。[1]但是目前乡村教师的总体待遇一直没有达到应有的水平，调查中不同层次的研究对象也都提到了这一问题。在教师工资性收入普遍有了历史性增长的进程中，乡村教师职业吸引力仍然不够大，待遇方面的诸多短板成了最大瓶颈，直接影响乡村教师职业吸引力的提升，进而制约稳定而优质的乡村教师队伍建设。具体而言，主要突出体现在工资收入总体水平较低、生活住房压力较大、专业成长与职业发展受限、社会地位不够高、医疗保障不足、子女教育困难等方面，以至于乡村教师职业吸引力较弱，进而导致乡村教师队伍建设下不去、留不住、教不好的问题依然没有得到很好地解决。[2]一些在乡村小学教育岗位上表现较为突出的教师，随着自身教学能力的提升逐步流动到发展前景更好、地理位置更优越的城镇或城市学校，乡村小学沦为城市学校师资的储备库。

195

---

① 刘晶. 乡村教师日常生活中的尊严及其结构性困局[J]. 清华大学教育研究，2020（2）：83-91.

② 庞丽娟，金志峰，杨小敏，等. 完善教师队伍建设助力乡村振兴战略：制度思考和政策建议[J]. 北京师范大学学报（社会科学版），2020（6）：5-14.

对于乡村小学优秀教师而言，他们完全有实力逃离乡村教师岗位进入城市学校。因此，政府要从整体出发，构建乡村教师综合待遇保障制度，切实提高和保障乡村教师待遇，为乡村小学留住优秀的教师人才，助力乡村振兴和乡村教育的发展。

附录 1
公费师范生教师职业信念访谈提纲

1. 你为什么会选择公费师范专业呢？如果再给你一次机会选择，你还会选择公费师范教育专业吗？为什么？

2. 你毕业以后一定会去当老师吗？为什么呢？如果你毕业后去的学校条件比较艰苦，生活不便，面对这样的环境你还会愿意去吗？为什么？

3. 踏入大学校园之前，在你心目中小学老师应该是一个什么样的形象？经过大学的学习与教育实践，现在在你心目中小学老师的形象是否有变化？如有变化的话又有哪些？具体原因是什么？

4. 如果用 5 个左右的词来形容教师职业，你会用哪些词来形容？可以具体说说理由吗？

5. 你觉得教师所做的工作有什么价值？请具体说说理由。

6. 你喜欢当老师吗？你从什么时候开始喜欢教师职业的？期间有没有发生变化？发生变化的原因？

7. 你对当前小学教师这份职业哪些方面是比较满意的？哪些方面是不太满意的？为什么？

8. 你觉得能够让师范生喜欢自己的职业，并且安心工作的条件有哪些？

9. 如果给当前乡村小学教师的社会地位打分的话，满分为 10 分，你打几分？为什么？

10. 你对你以后的职业发展有什么规划吗？

11. 你觉得乡村小学教师这个职业的未来发展前景如何？

12. 从你进入师范院校以来，主要有哪些方面影响你对教师职业的认识？（如课程、活动、朋友或家人、教师、媒体等）可以具体说明一下吗？

附录 2
公费师范生教师职业信念典型个案访谈提纲

1. 请问当初为什么要选择小学教育专业？如果再给你一次选择的机会你还会选择小学教育专业吗？为什么？

2. 经历了几年师范专业的学习，你对教师职业的喜爱程度有变化吗？如有，发生了怎么样的变化？变化的时间节点和原因是什么？

3. 踏入大学校园之前，在你心目中小学老师应该是一个什么样的形象？经过大学的学习与教育实践，现在在你心目中小学老师的形象是否有变化？如有变化的话又有哪些？具体原因是什么？

4. 有人说，作为教师应该"学为人师，行为世范"，对于这句话你怎么看？（有人说，所学要为世人之师，所行应为世人之范，对此你怎么看？）

5. 你认为现在城镇小学教师的社会地位怎么样？那么乡村小学教师的社会地位呢？为什么会有这样的看法？

6. 实习期间你主要承担了哪些工作？你为自己定位了哪些角色？你觉得这些角色做得怎么样？实习期间角色定位与转换方面的体验对你以后从教有什么影响？

7. 在实习过程中遇到了哪些问题？你都是怎样解决的？效果怎样？你是怎样想到要通过这种方式解决呢？

8. 实习期间你面临哪些实习压力？你是如何应对这些压力的？取得了怎样的效果？

9. 你对当前乡村小学教师这份职业哪些方面是比较满意的？哪些方面是不太满意的？为什么？

10. 毕业后你会选择去做一名乡村小学教师吗？为什么？

11. 你对自己未来的职业有哪些规划？

附录 3
乡村小学教师教育信念调查问卷

尊敬的教师：

您好！这份问卷的目的在于了解您对教育的相关看法，问卷均为匿名填写，不会泄露您的个人隐私，回答不涉及是非对错，不涉及对您的任何评价。对您的回答我们将按照《中华人民共和国统计法》予以保密，调查结果仅供研究使用。请您依据自己的看法放心地回答，感谢您的配合。

湖南第一师范学院

第一部分：基本信息资料

【填答说明】请您在符合描述的部分所对应的方框（"□"）下面打"√"，阅读并填写横线部分。

1. 性别：□男　　　　　□女

2. 婚姻状况：□已婚　　　□未婚

3. 您所在的学校：□城市（含县城）小学　　□乡镇中心小学

　　　　　　　　　□村小（含教学点）　　□其他　　　□中学

4. 您的学校离最近的城市（县城）多少千米：

　　□10 千米以内　　□10 ~ 40 千米　　□41 ~ 70 千米

　　□71 ~ 100 千米　　□100 千米以外

5. 年龄：□25 岁以下　　□26 ~ 30 岁　　□31 ~ 35 岁

　　　　□36 ~ 40 岁　　□41 岁及以上

6. 师源类型：□社会招考　　□公费定向师范生　　□特岗教师

　　　　　　□民办转正　　□其他

7. 从教时间：□ 5 年（含）以下　　□ 6 ~ 10 年

　　　　　　□ 11 ~ 20 年　　　　□ 21 ~ 30 年　　□ 31 年（含）以上

8. 最高学历：□中专　　　　□大专

　　　　　　　□本科　　　　□硕士（含）以上

9. 职称情况：□无职称　　□小二　　　　　　□小一

　　　　　　　□高级　　　□其他

10. 所教科目：□语文　　　□数学

　　　　　　　□英语　　　□其他（请在横线上注明）

第二部分：教师教育信念量表

【填答说明】请阅读题项，在"非常同意"至"完全不同意"五个选项中，圈选与您真实想法相吻合的选项。

内容描述	非常同意	比较同意	基本同意	比较不同意	完全不同意
1. 管教学生应保持"爱的教育"的态度。					
2. 教师应尊重学生的不同意见。					
3. 教师应鼓励学生自治，以培养其自主自立的精神。					
4. 对于学校的管理，小学生应该有话语权。					
5. 教师与学生"打成一片"，常会使得学生们变得太随便。					
6. 在教育上，体罚是无可避免的。					
7. 班级（课堂）管理应由教师一个人说了算。					
8. 引发学生积极思维比告知学生问题答案更重要。					
9. 学习的主要任务就是把书念好，按时交作业。					
10. 兴趣是学生学习最好的老师。					
11. 小学生学习的关键在于养成良好的学习习惯。					
12. 学生的学习动力主要通过同学之间的竞争来激发。					
13. 小学生不会主动学习，主要依赖于教师的指导。					
14. 学生学习的好与差主要看学生的考试成绩。					
15. 教学应与学生的生活经验相连接，从生活中取材。					

内容描述	非常同意	比较同意	基本同意	比较不同意	完全不同意
16. 乡村小学教师不仅仅是知识的"传授者"，更应该是学生学习的"引导者"。					
17. 教材的内容是专家审定确认的，教师教学时不必质疑。					
18. 国家已经制定了课程计划，教师只需要忠实地执行计划。					
19. 教师的课堂教学应该严格按照教案来进行。					
20. 衡量乡村小学的教育质量是看学生能否升入优质初中。					
21. 乡村小学的教学目标就是让学生掌握知识和技能。					
22. 因材施教是不切实际的。					
23. 怎样评价学生应完全由教师来决定，学生不应参与。					
24. 作为乡村教师来说，教学研究是没有必要的。					
25. 选择成为乡村小学教师是我的自主意愿。					
26. 我喜欢做一名乡村小学教师，并努力让自己成为一个优秀的教师。					
27. 教师职业是天底下最光辉的职业。					
28. 教师职业需要教师有很强的奉献精神。					
29. 与城市小学教师相比，乡村小学教师需要承担的责任更多。					
30. 当看到或听到有颂扬乡村小学教师的话语时，我会有一种欣慰感。					
31. 从事乡村小学教师职业能充分发挥我的才能。					
32. 教师应不断更新自己的知识结构，掌握先进、科学的教育理念。					

内容描述	非常同意	比较同意	基本同意	比较不同意	完全不同意
33. 如果有机会，我希望能够离开乡村小学教师的岗位。					
34. 我会把乡土资源融入我的课堂教学中。					
35. 学校应该实施民主管理，强化同事之间的合作意识。					
36. 我希望能得到学校更多同事专业上的帮助和支持。					
37. 教学应积极向城市看齐，乡村文化已经过时。					
38. 学生学习乡村文化没有用。					

第三部分：多选题

1. 您认为影响您的教师教育信念的因素主要是什么（最多可选5项）：
（　　　　）

　　A. 教学经验　　　B. 求学经验　　　　　C. 个体知识储备

　　D. 个性特征　　　E. 教师群体文化　　　F. 学校管理文化

　　G. 家庭环境　　　H. 地域环境　　　　　I. 当地乡村文化

　　J. 学生特点　　　K. 教育管理体制（如集中办学）

　　M. 其他（请在横线上注明）

2. 作为乡村小学教师，您在工作过程中遇到的主要难题是（最多可选5项）：（　　　　）

　　A. 教育经费短缺　　　　B. 工作量大　　　　C. 家长不配合

　　D. 学生积极性不高　　　E. 专业培训不够　　F. 教学环境差

　　G. 晋升机会少　　　　　H. 同事关系　　　　I. 教学工作单调

　　J. 领导不支持　　　　　K. 工作任务重　　　L. 家长不支持

　　M. 其他（请在横线上注明）

3. 作为乡村小学教师，您在生活过程中遇到的主要难题是（最多可选4项）：（　　　　）

　　A. 工资待遇偏低　　　　B. 住房得不到保障　　　C. 找对象困难

D. 家庭与工作难以协调　　　　E. 生活环境闭塞，条件差

F. 得不到社会认可　　　　　　G. 难以融入当地的生活

H. 教育医疗资源不足　　　　　I. 其他（请在横线上注明）

问卷结束！再次谢谢您的支持和帮助！

附录4
乡村小学教师教育信念访谈提纲

1. 您为什么会选择成为一名乡村小学教师？在乡村工作这么多年，您有没有考虑过走出乡村去更大更远的地方发展？为什么？是什么支撑您一直坚守这个岗位？其中又有哪些因素曾动摇您坚守的信念？今后对自己的职业去向，有什么计划和打算吗？为什么？

2. 作为一名乡村小学教师，您对自己的职业现在持一种怎样的感情？这种情感从什么时候开始产生的？为什么会有这种情感？作为一名乡村小学教师，您认为自己的职业对自己人生的发展有何意义？对乡村学生的发展又有何意义？为什么？

3. 作为一名乡村教师，应该给乡村学生什么样的帮助？为什么？您为此做出过哪些努力？主要遇到过哪些困难？您是怎样解决的？为什么您会这样来解决？

4. 对于乡村的孩子和孩子们的学习，您觉得和城市孩子相比有何不同？他们的优势和不足是什么？您是怎样来发展他们的优势的？

5. 在乡村小学教学，您觉得其优势是什么？劣势是什么？作为乡村小学教师应该如何扬长避短？为什么？

6. 您一般通过什么途径和方式来提升自己的专业水平？（列出近五年参与的培训、反思论文等）

7. 在您的职业生涯中，有哪些重要的事件或重要的人影响了您对职业的选择和看法？（具体了解产生了怎样的影响？为什么会产生这些重要的影响？）

8. 您认为学生家长对您工作的支持力度如何？为什么？

参考文献

著作类

[1] 陈向明. 质的研究方法与社会科学研究[M]. 北京：教育科学出版社，
2000.

[2] 易凌云. 教师个人教育观念[M]. 北京：教育科学出版社，2010.

[3] 马莹. 当代教师信念问题研究[M]. 北京：中国社会科学出版社，2013.

[4] 谢翌. 教师信念论[M]. 广州：广东高等教育出版社，2010.

[5] 李家黎. 教师信念生成机制与策略研究[M]. 长沙：湖南大学出版社，
2020.

期刊论文类

[1] 肖正德. 基于教师发展的教师信念：意蕴阐释与实践建构[J]. 教育研
究，2013（6）：86-92.

[2] 林一钢. 教师信念研究述评[J]. 浙江师范大学学报(社会科学版)，2008
（3）：79-84.

[3] 秦立霞. 免费师范教育背景下教师信念研究[J]. 陕西师范大学学报，
2012（6）：158-162.

[4] 赵玉芳，左有霞. 免费师范生的教师职业信念：自身及他人教育经验
的差异分析[J]. 教师教育学报，2016（4）：25-31.

[5] 梁婧玉. 隐喻：教师信念研究的重要途径[J]. 山西师大学报（社会科
学版)，2011（1）：155-157.

[6] 邱德峰. 论乡村教师的教育信念——基于《感动中国》《寻找最美乡村教师》等素材的质性研究[J]. 当代教育科学，2018（2）：22-28.

[7] 陈向明. 扎根理论在中国教育研究中的运用探索[J]. 北京大学教育评论，2015（1）：2-15.

[8] 林智中，张爽. 如何通过质化研究探求教师的信念[J]. 全球教育展望，2008（8）：52-57.

[9] 董海霞. 论教师教育信念问题与危机的文化根源[J]. 当代教育科学，2019（4）：58-62.

[10] 俞国良，辛自强. 教师信念及其对教师培养的意义[J]. 教育研究，2000（5）：16-20.

[11] 赵昌木. 论教师信念[J]. 当代教育科学，2004（9）：11-14.

[12] 王慧霞. 国外关于教师信念问题的研究综述[J]. 宁波大学学报（教科版），2008（5）：61-65.

[13] 朱苑瑜，叶玉珠. 教师信念量表[J]. 教育研究集刊，2001（3）：60-65.

[14] 谷亚，肖正德. 乡村教师的污名化媒介镜像：何以建构与如何解构[J]. 当代教育论坛，2021（3）：107-114.

[15] 庞丽娟，等. 构建综合待遇保障制度 提升乡村教师职业吸引力[J]. 中国教育学刊，2021（4）：34-40.

[16] 朱永新. 切实提高地位待遇 增强教师职业吸引力[J]. 中国教育学刊，2018（4）：1-4.

[17] 植凤英，王璐. 乡村振兴战略背景下乡村教师使命感的内涵结构、价值及培育[J]. 教育理论与实践，2021（13）：46-50.

[18] 王永固，等. "互联网+"名师工作室促进乡村教师专业发展：机制与策略[J]. 中国电化教育，2020（10）：106-114.

[19] 武晓伟，张军. 论我国乡村教育的人文失守与重建[J]. 河北师范大学学报（教育科学版），2018（01）：92-96.

学位论文类

[1] 李家黎. 教师信念的文化研究[D]. 重庆：西南大学，2009.

[2] 吕国光. 教师信念及其影响因素研究[D]. 兰州：西北师范大学，2004.

[3] 周仕荣. 师范生数学教学信念的发展研究[D]. 上海：华东师范大学，2007.

[4] 脱中菲. 小学数学教师信念结构及特征的个案研究[D]. 长春：东北师范大学，2014.

[5] 金爱冬. 数学教师信念变化特征及其影响因素研究[D]. 长春：东北师范大学，2013.

[6] 熊和妮. 水族 M 村小学教师教育信念研究——基于生活史的分析[D]. 北京：中央民族大学，2013.

[7] 马海永. 小学教师教育信念现状研究[D]. 上海：华东师范大学，2009.

[8] 向金梅. 公费师范生的教育信念调查研究——以东北师范大学为例[D]. 长春：东北师范大学，2013.

[9] 黄婷虹. 教师教育对师范生教师条件性知识与信念的影响研究[D]. 福州：福建师范大学，2017.

[10] 王雪竹. 小学初任教师信念研究[D]. 长春：东北师范大学，2009.

外文文献类

[1] STRAUSS A, CORBIN J. Basics of qualitative research: Grounded theory procedures and techniques[M]. Newbury Park: Sage, 1990.

[2] SENGER E. Relfective reform in mathematics: The recursive nature of teacher change[J]. Educational Studies in mathematics, 1999, 37(3): 199-221.

[3] JOHNSON K. E. The Sociocultural Turn and Its Challenges for Second Language Teacher Education[J]. TESOL Quarterly, 2006(1): 235-257.

[4] DONALD A. SCHON. The Reflective Practitioner: How Professionals Think in Action[M]. New York: Basic Books Inc. Publishers, 1983.